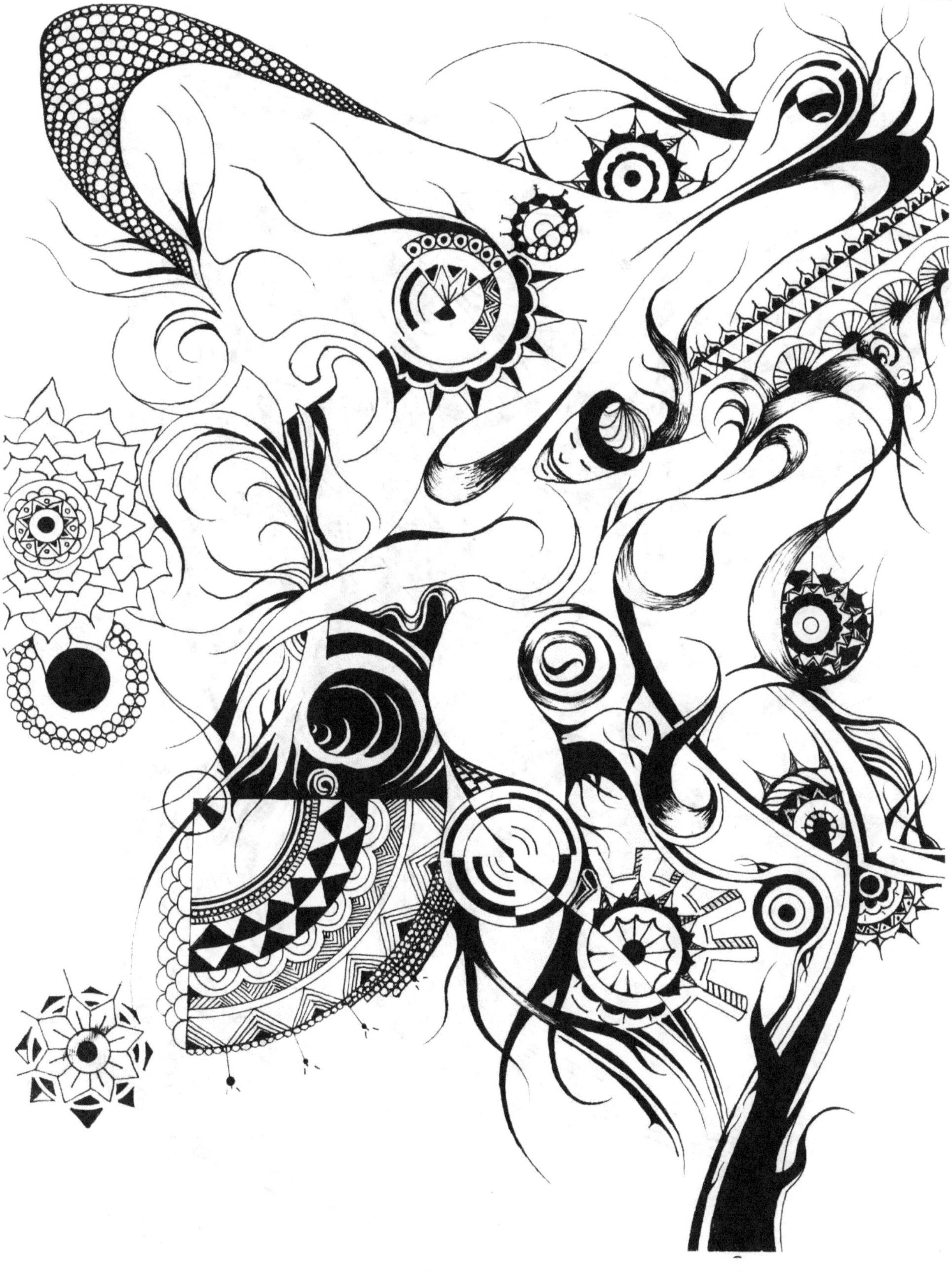

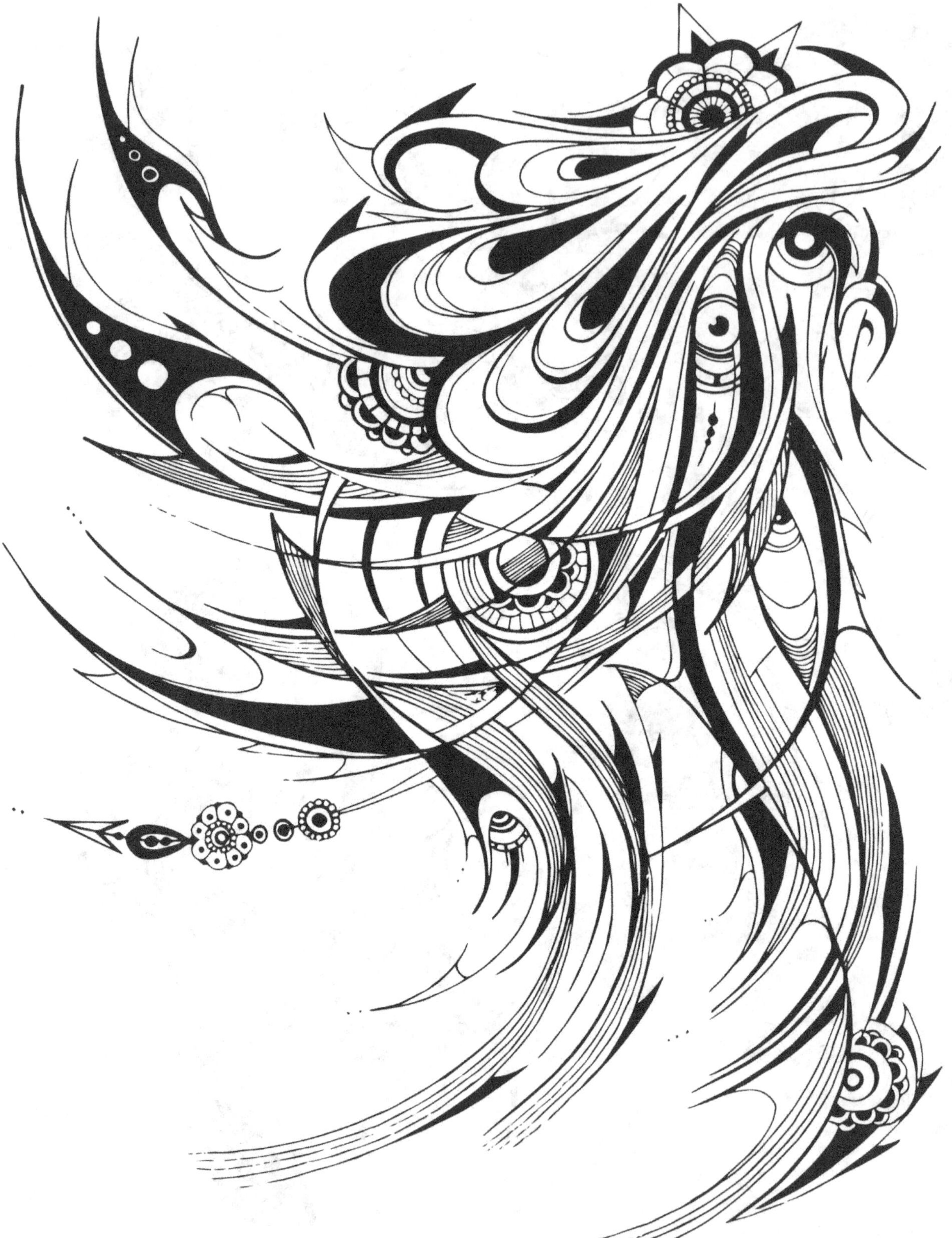

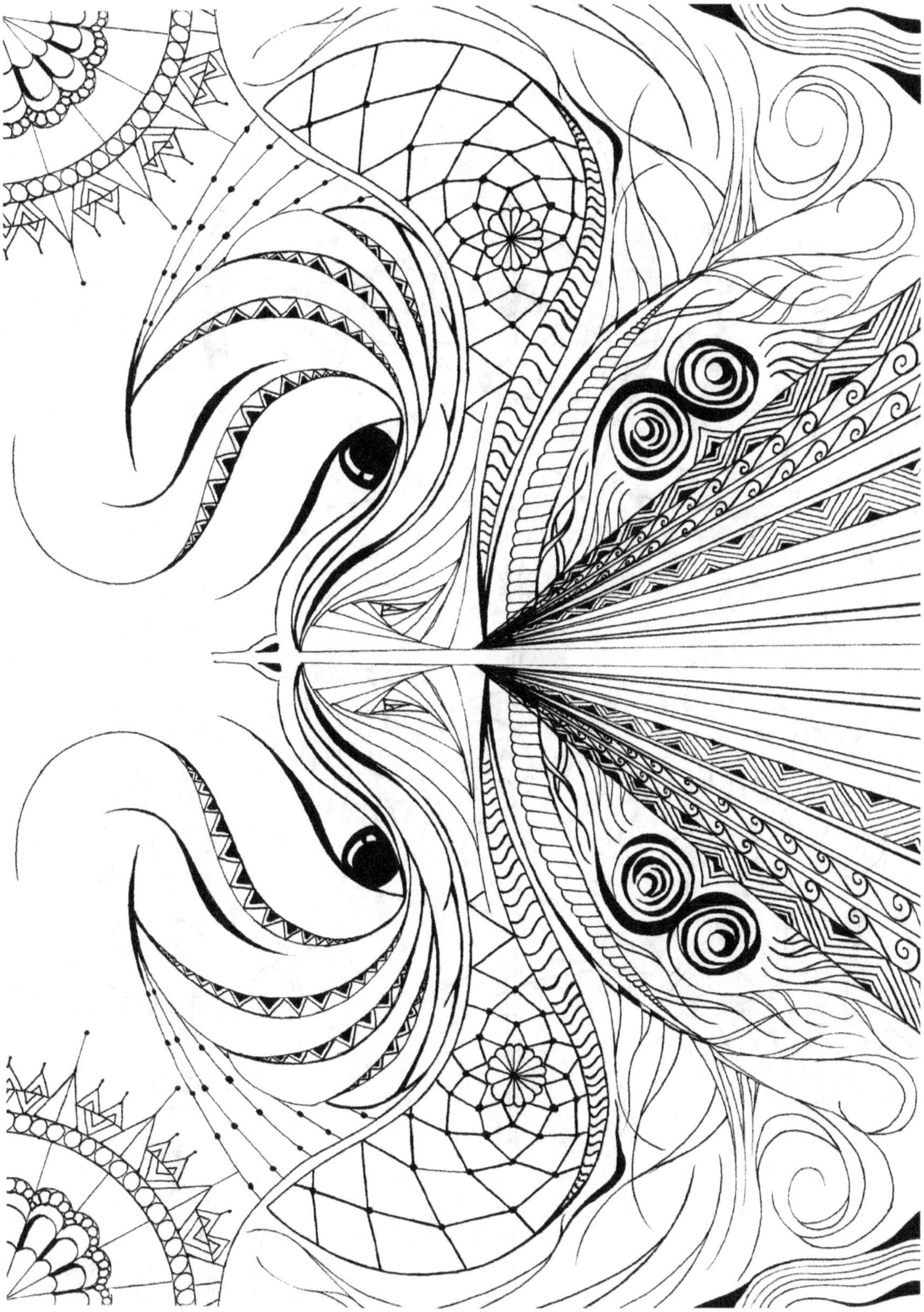

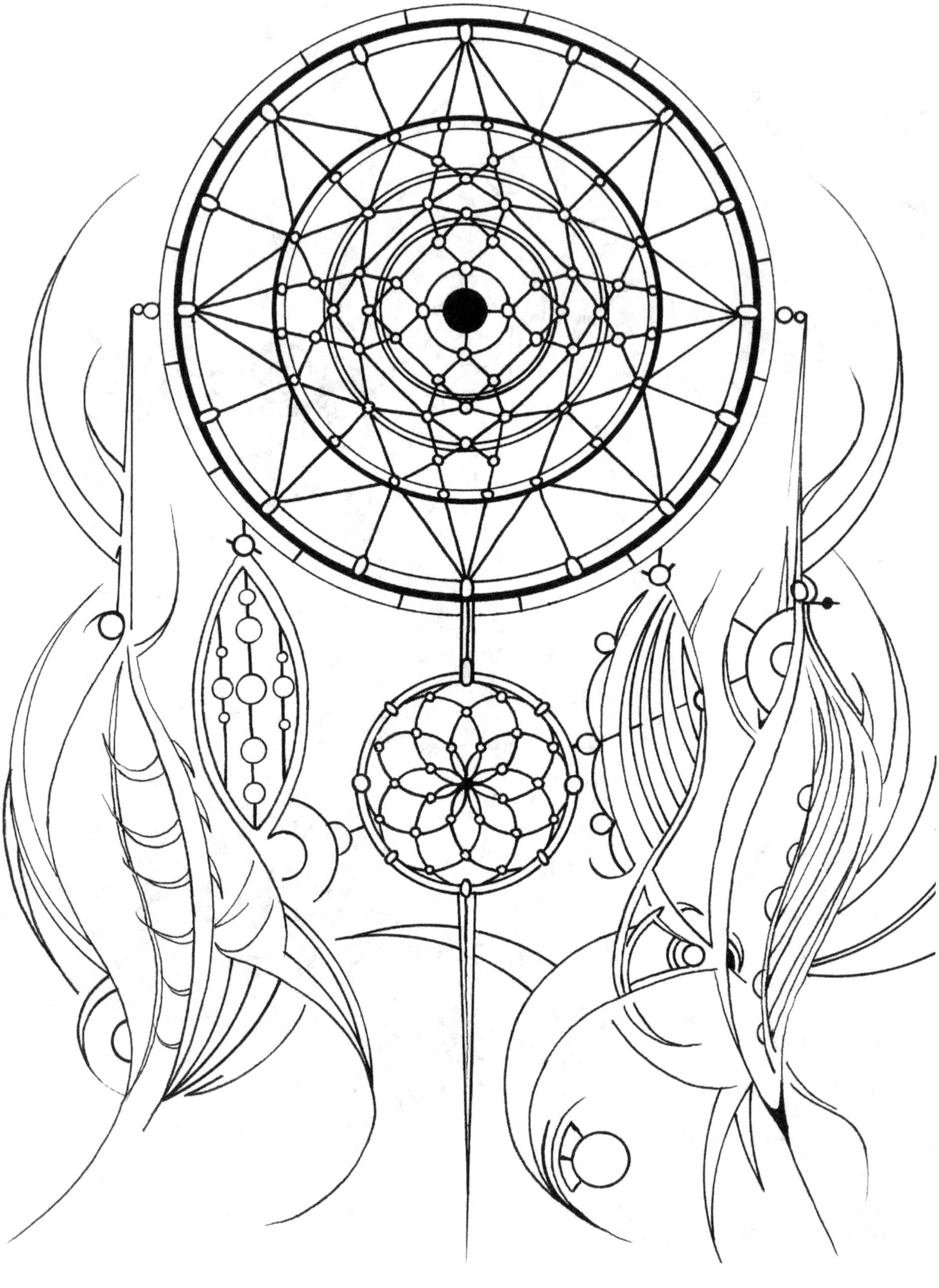

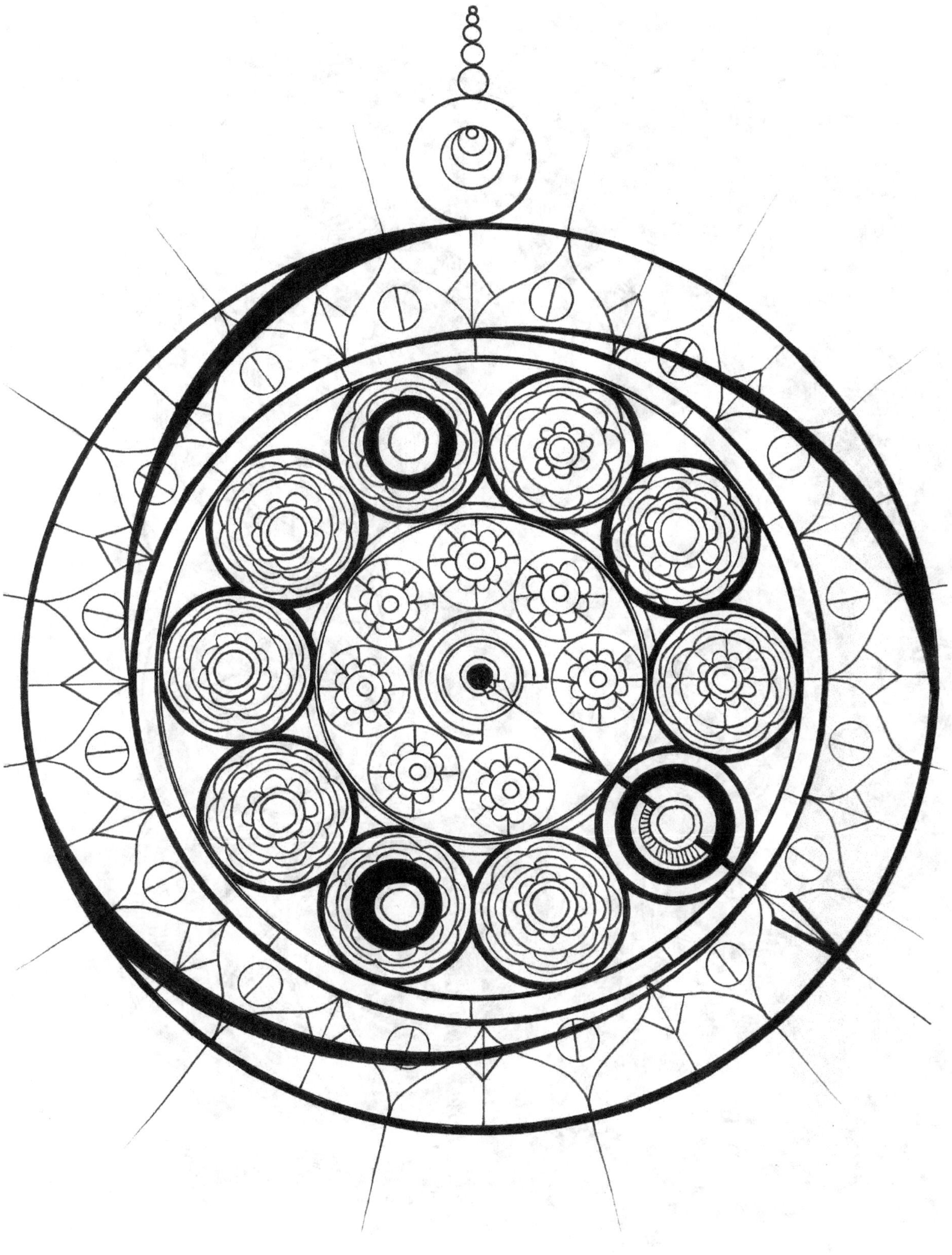

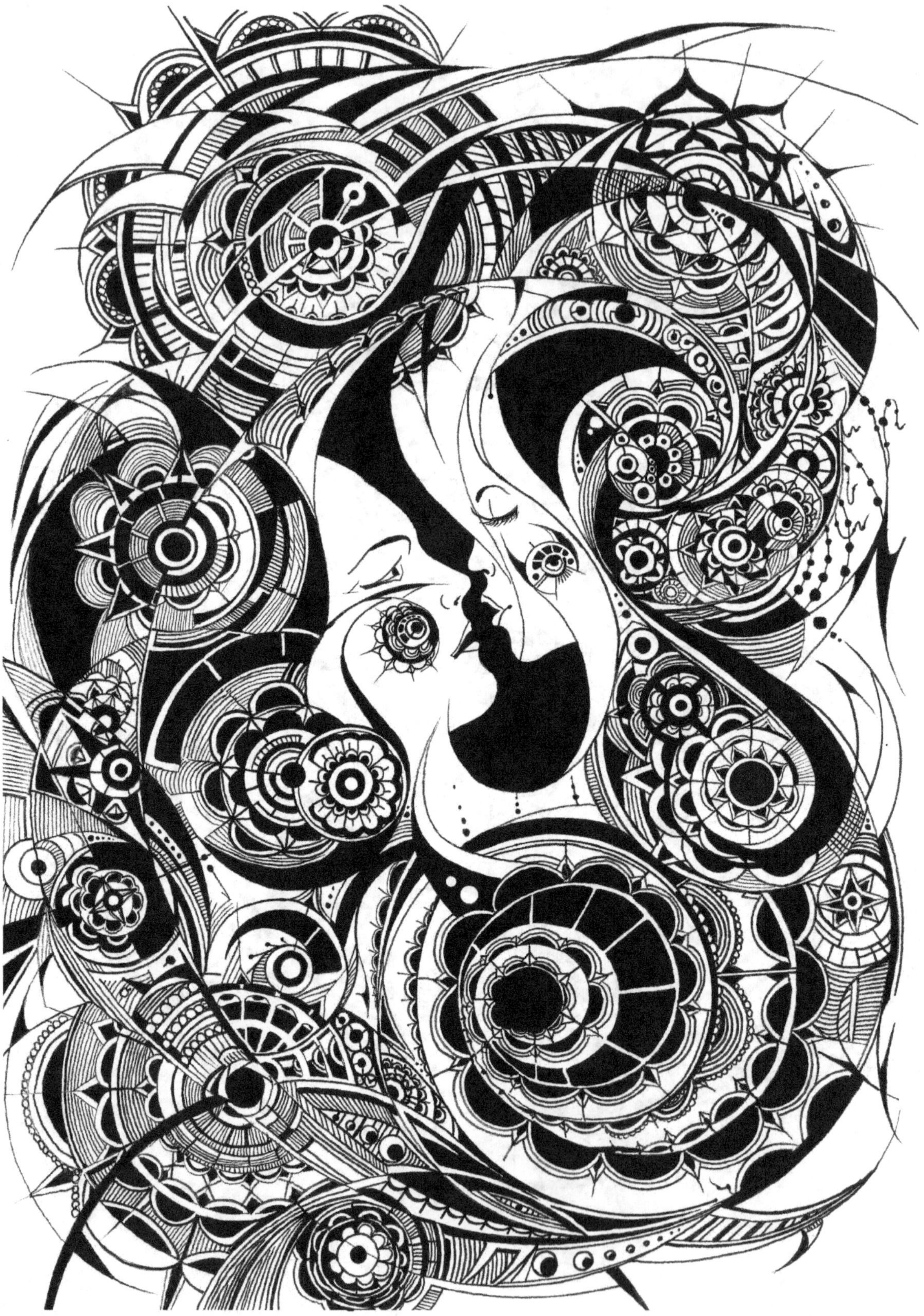

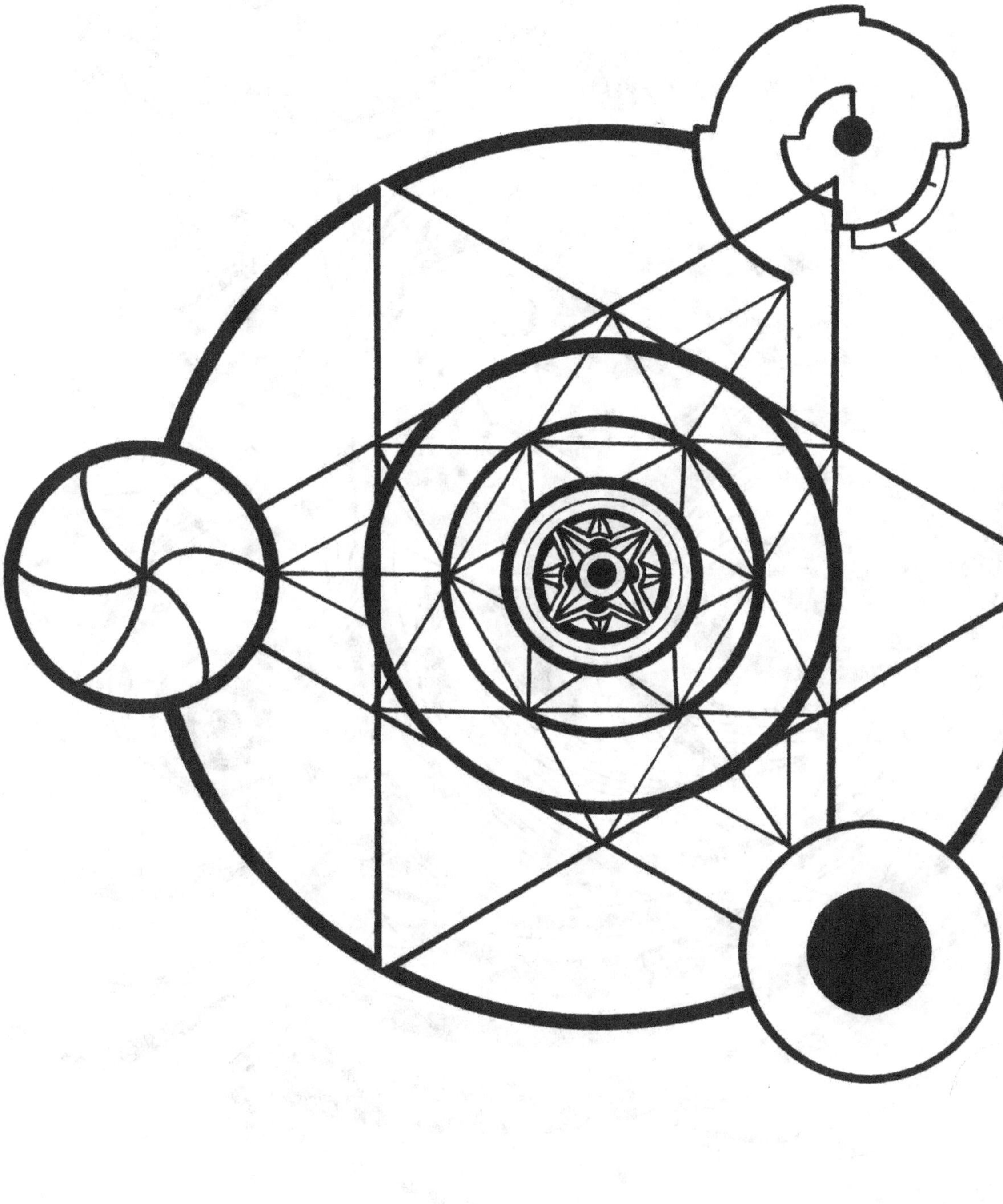

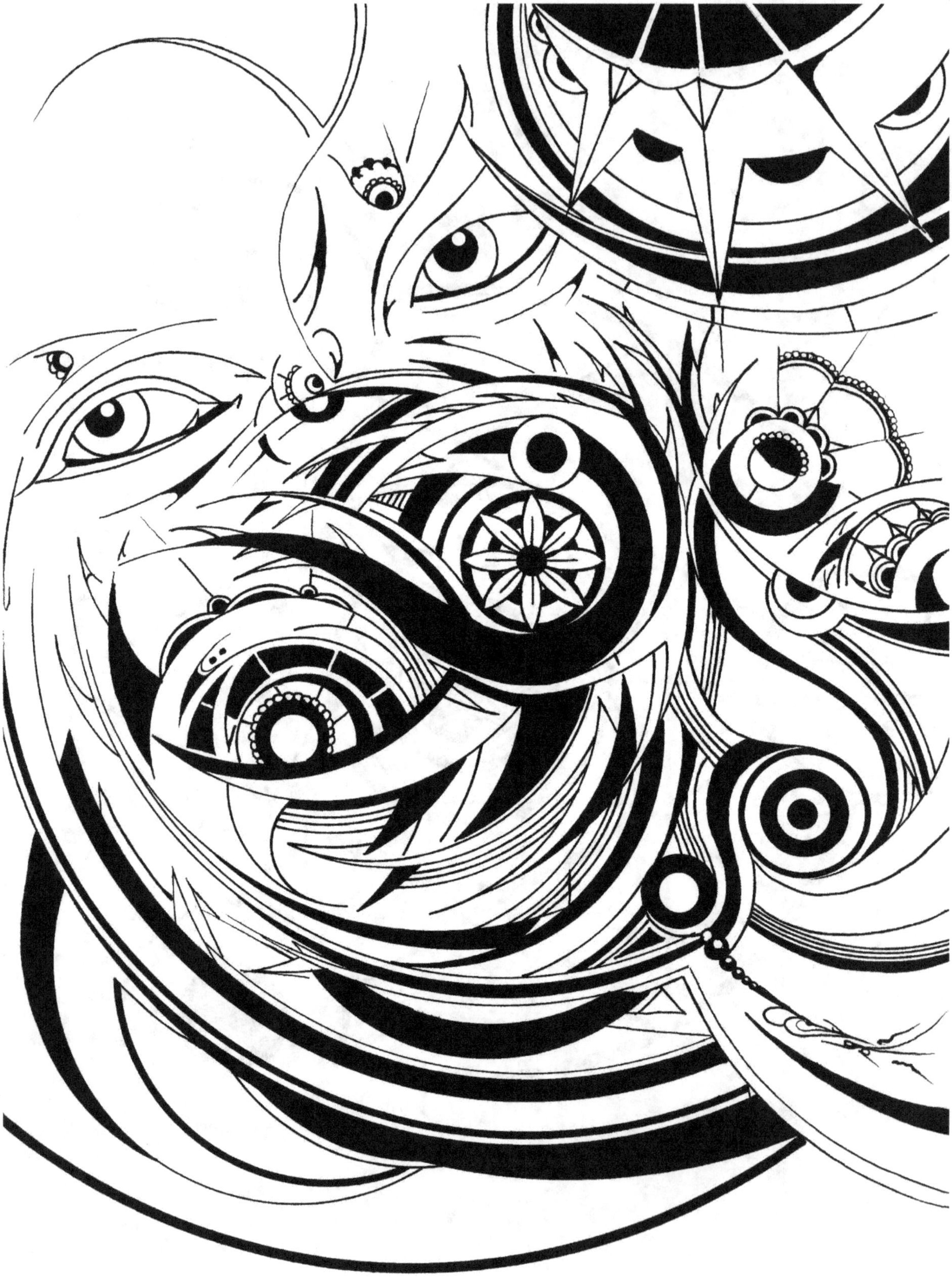

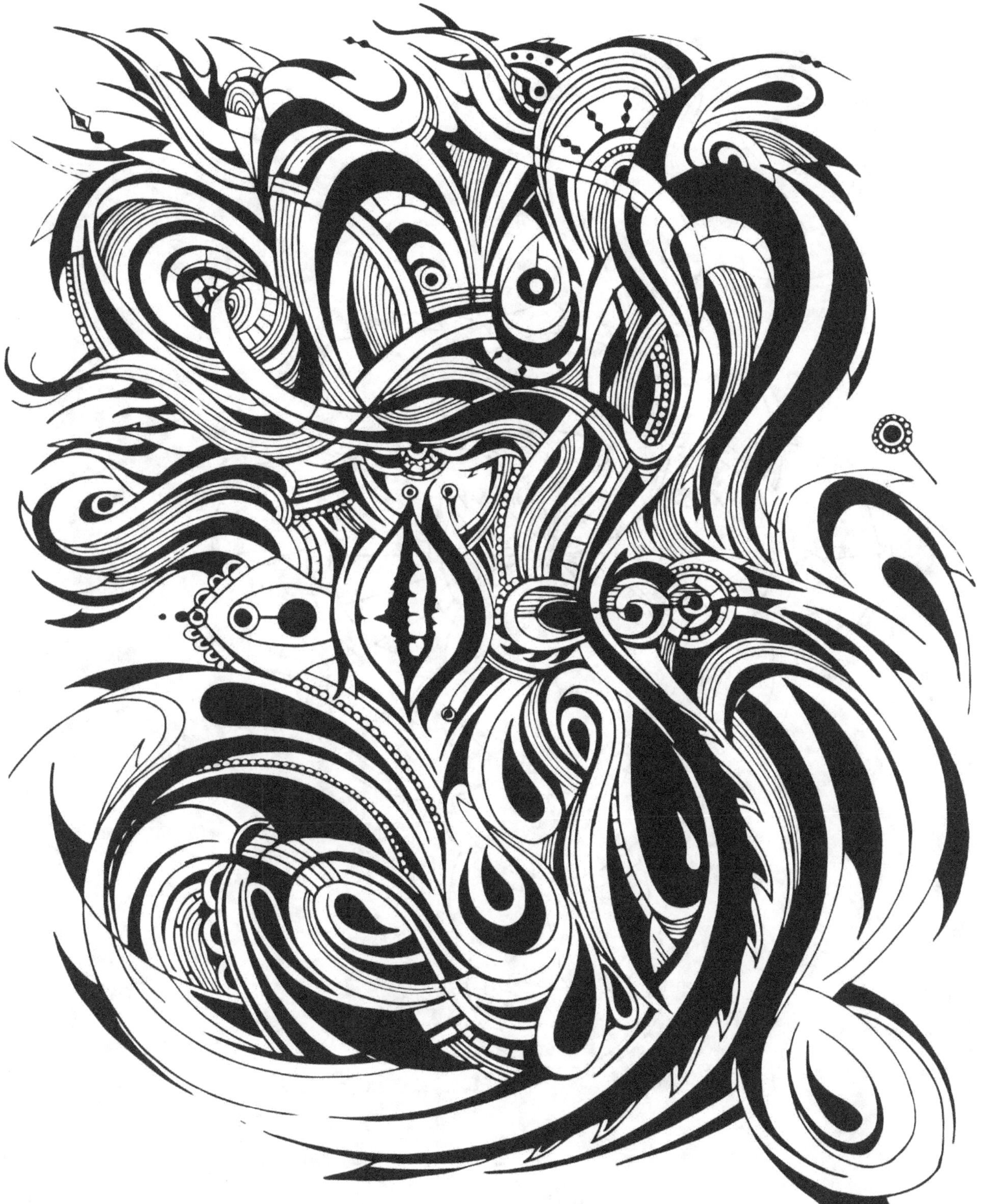

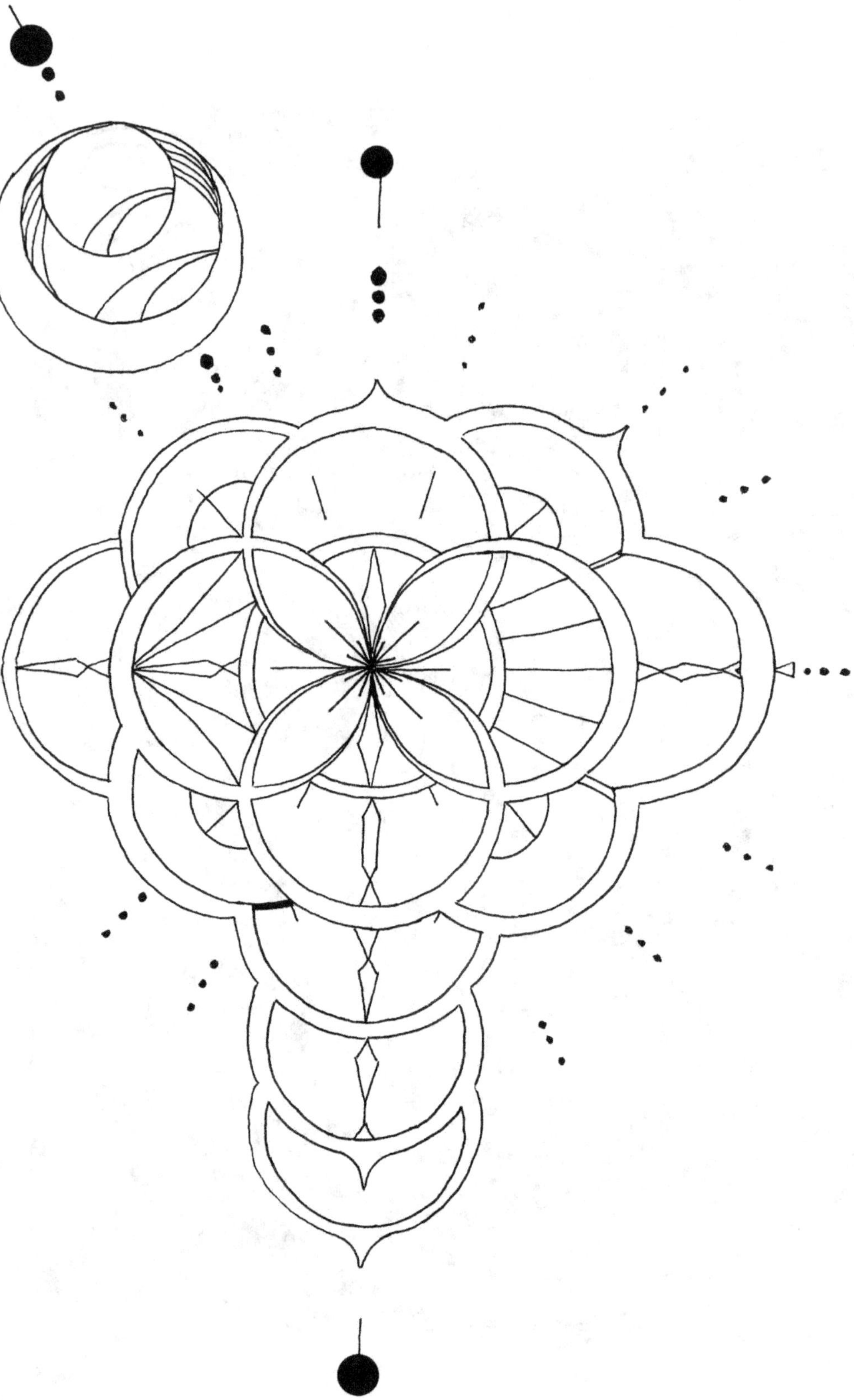

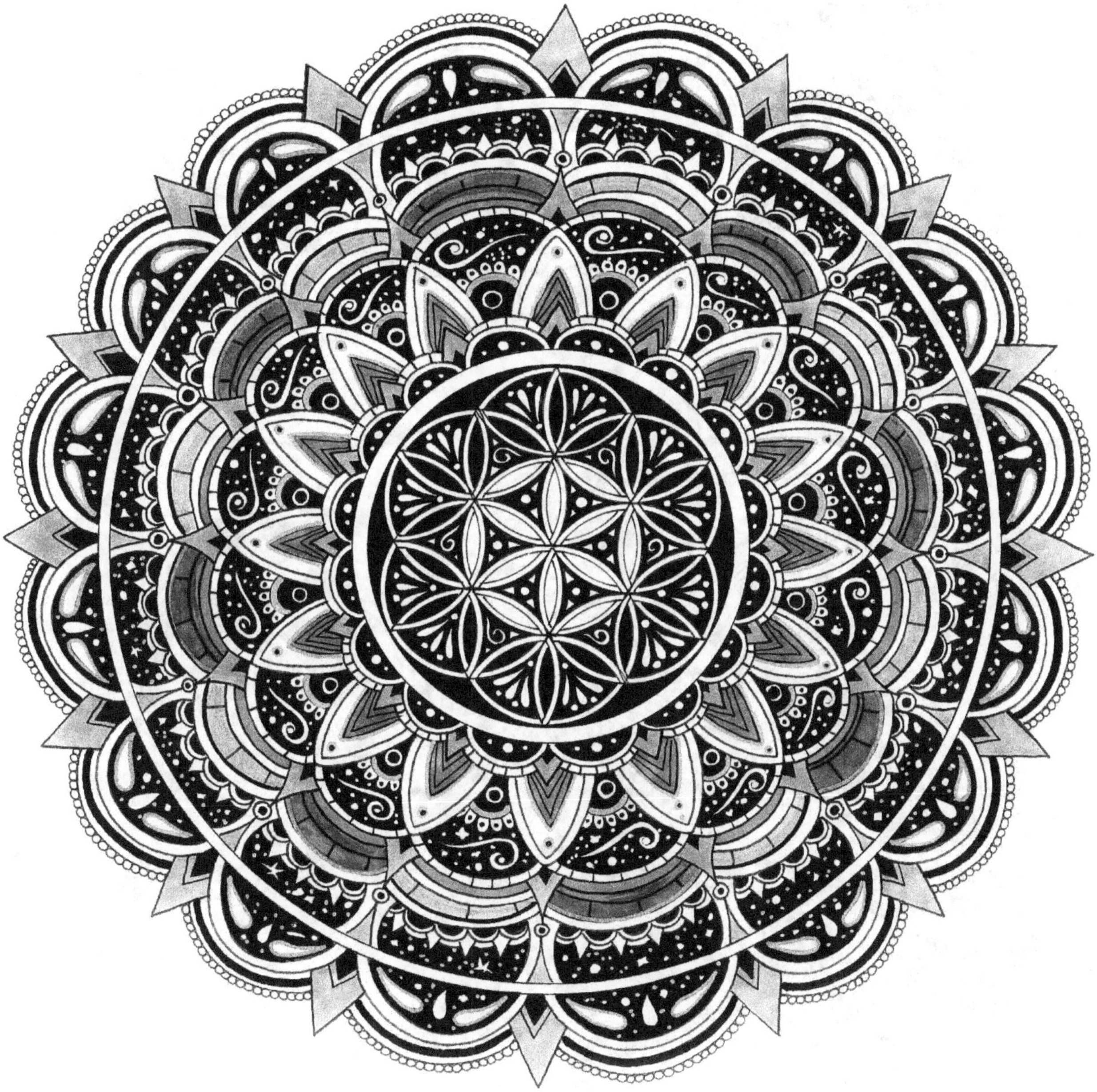

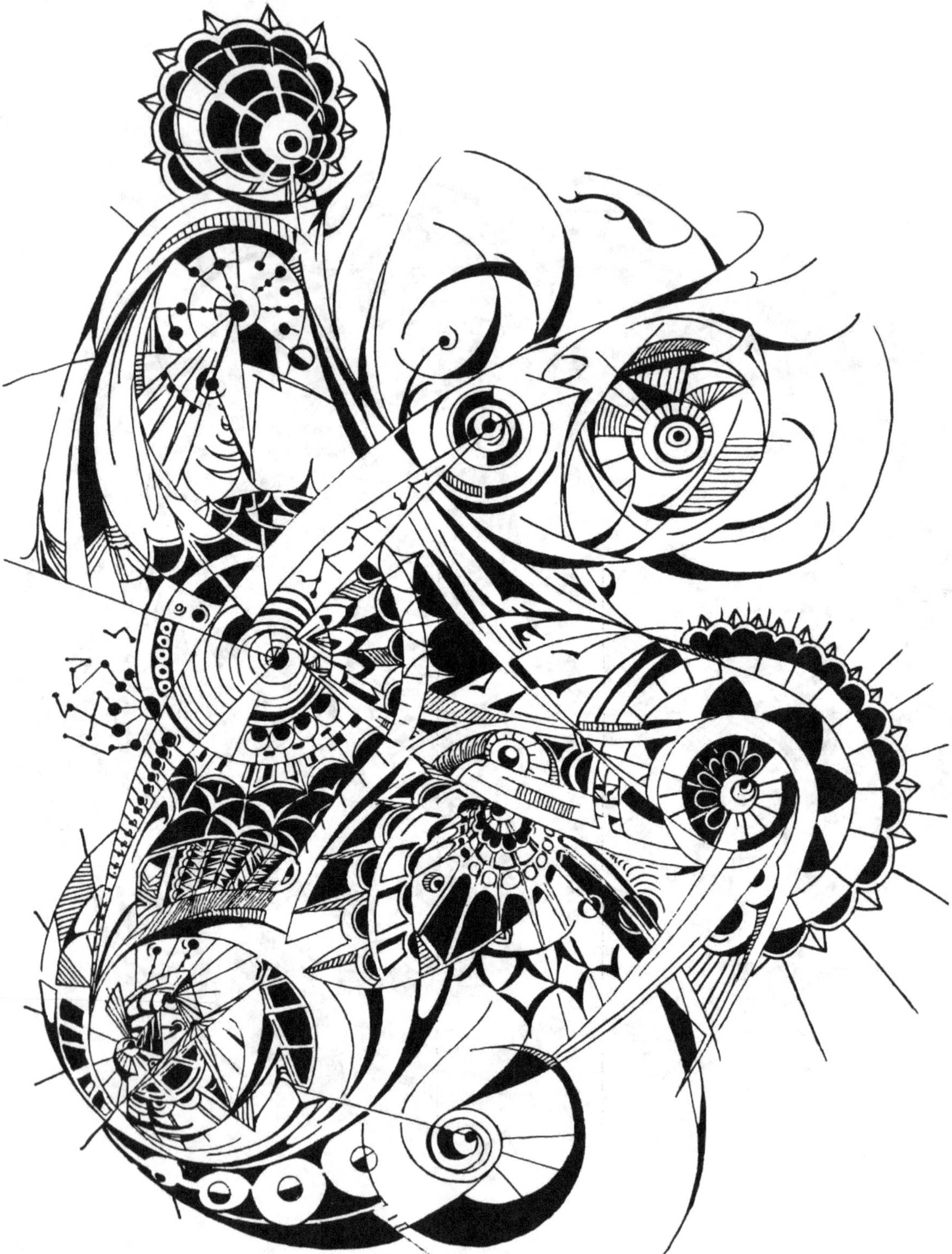

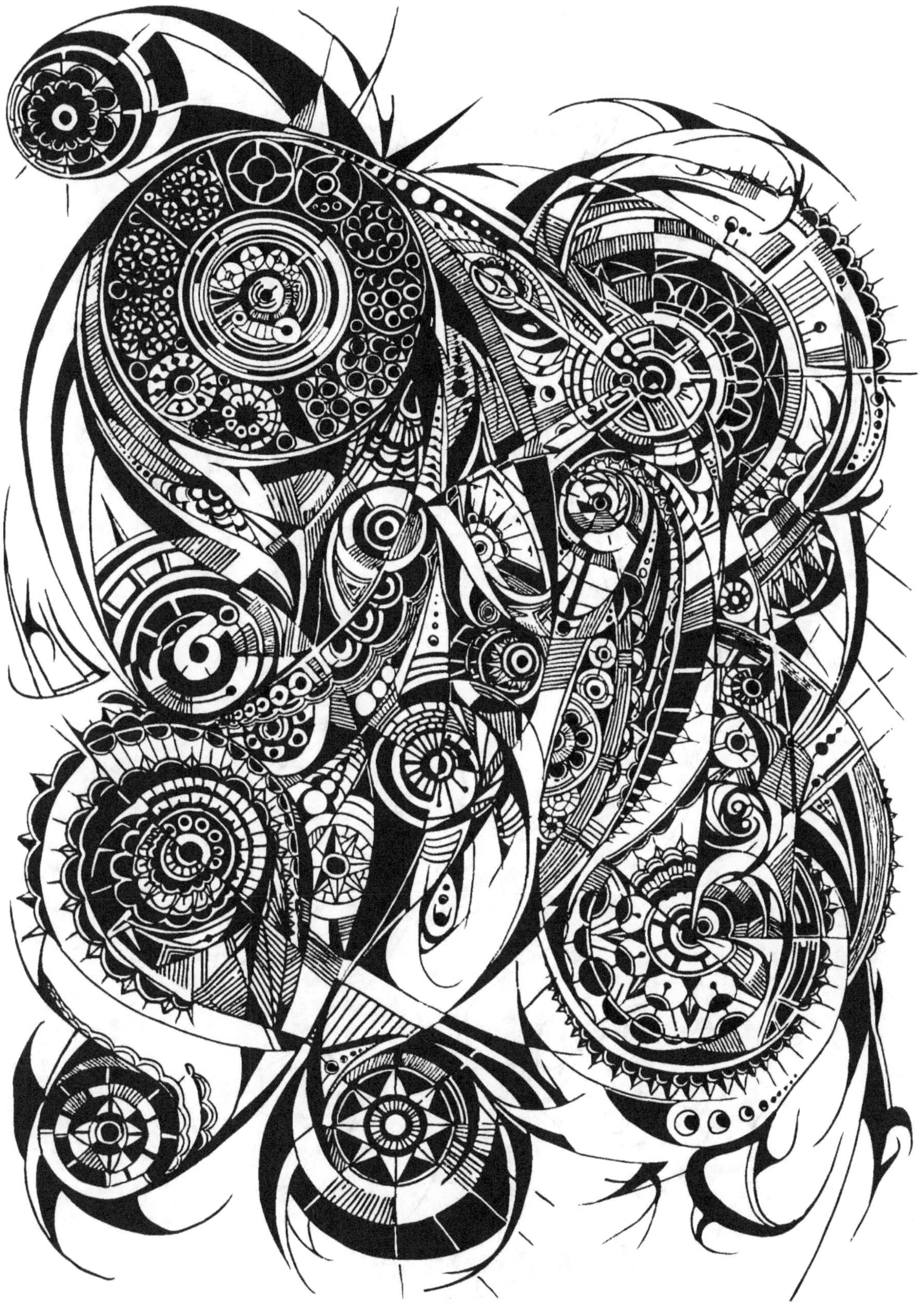

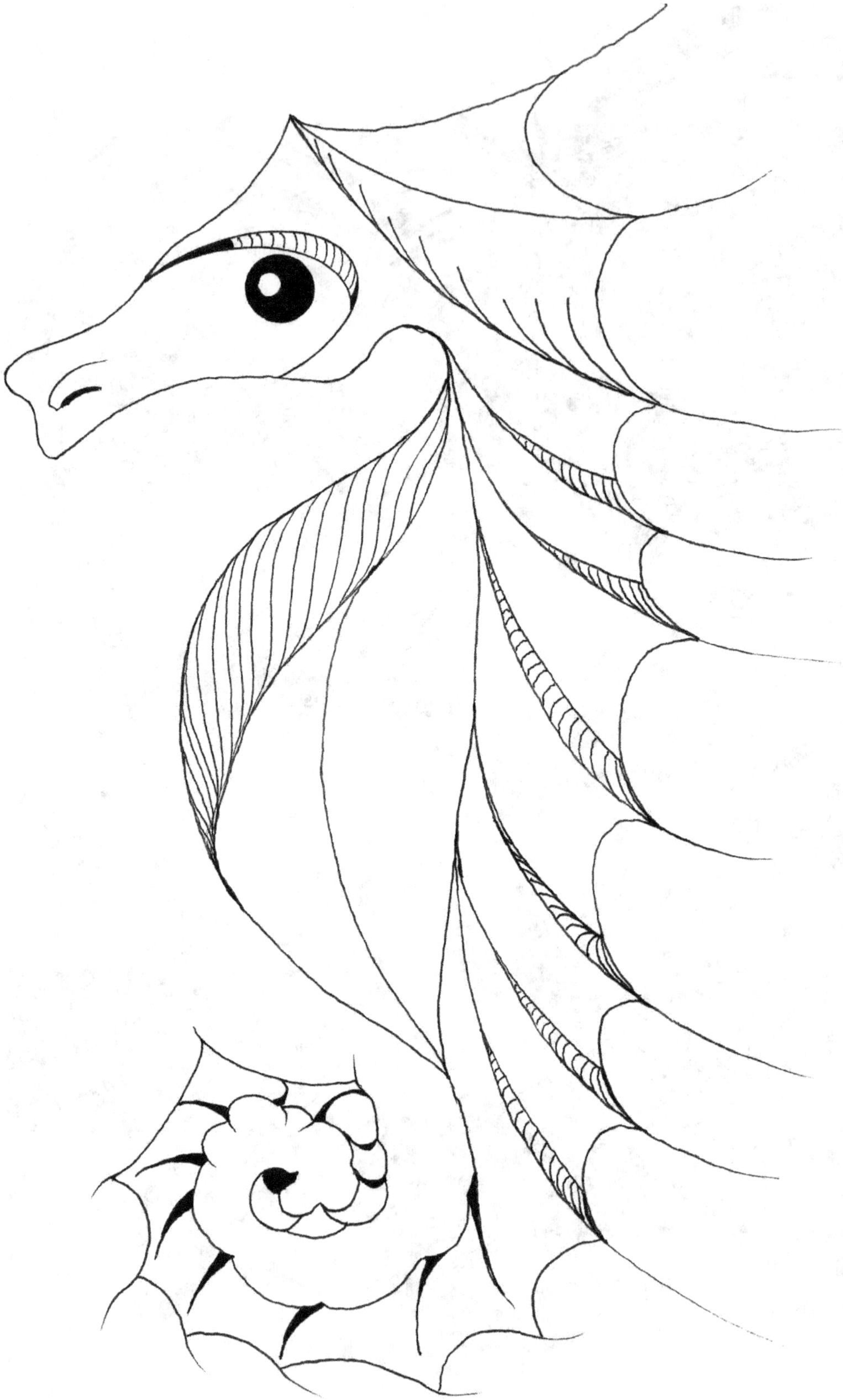

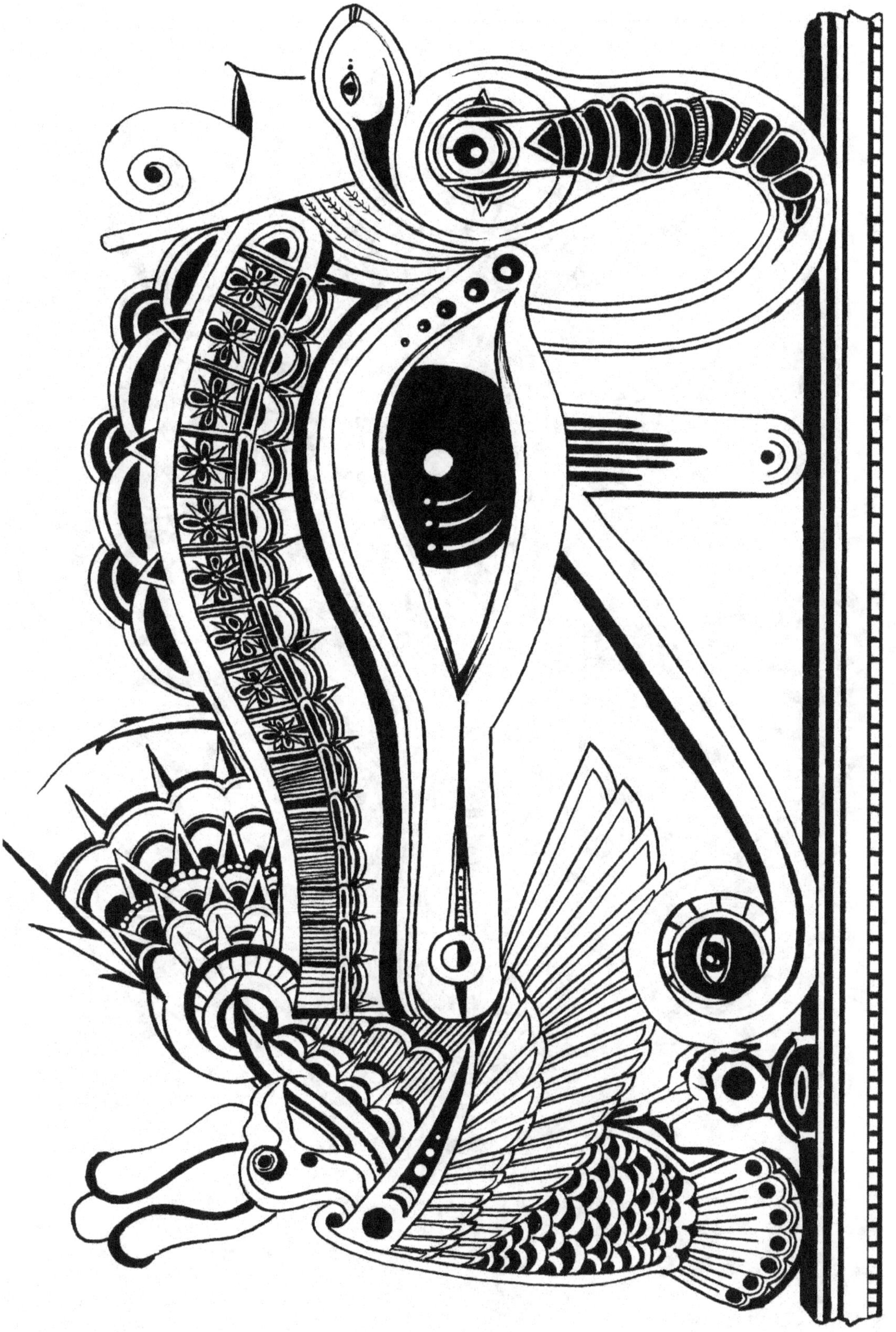

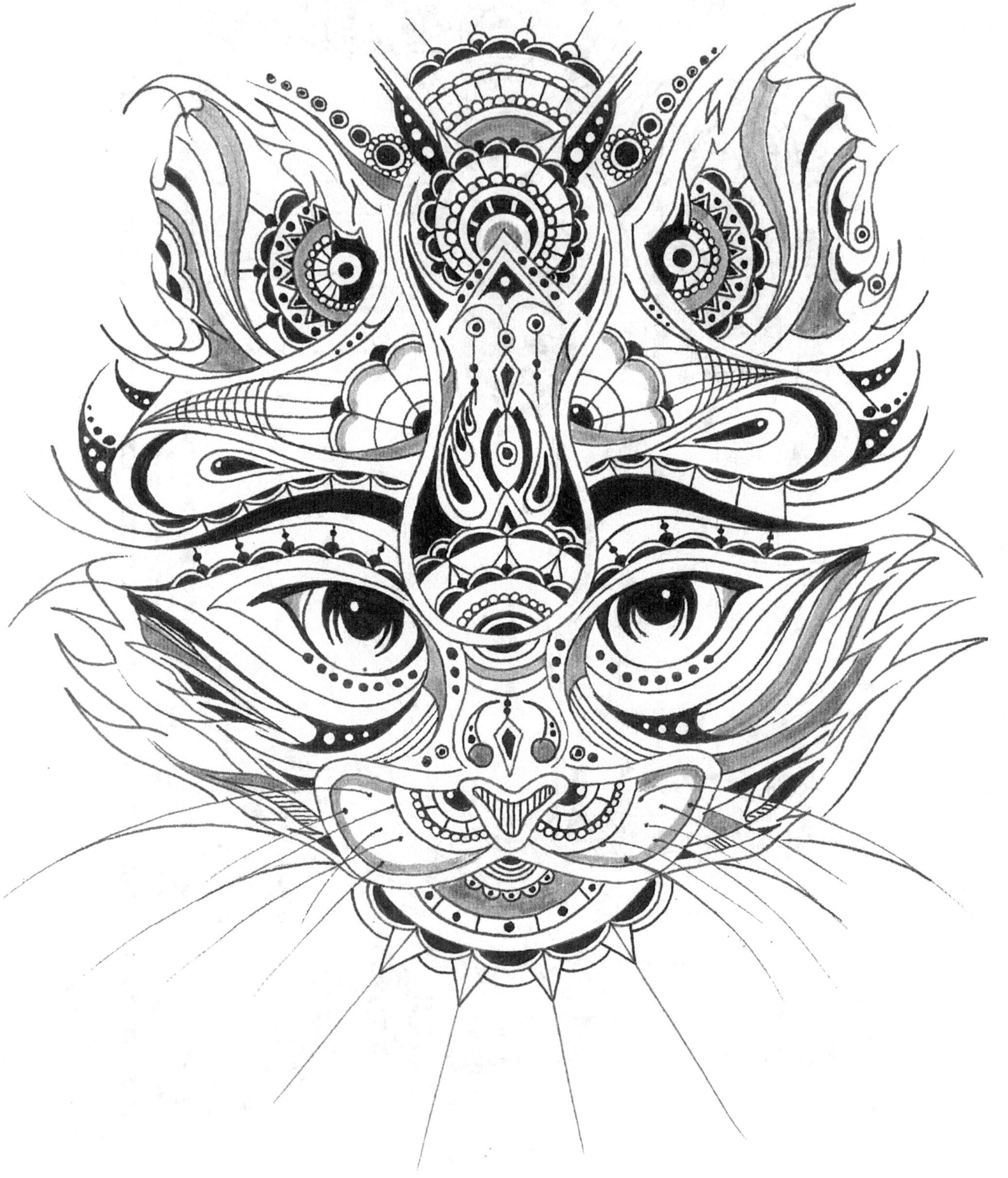

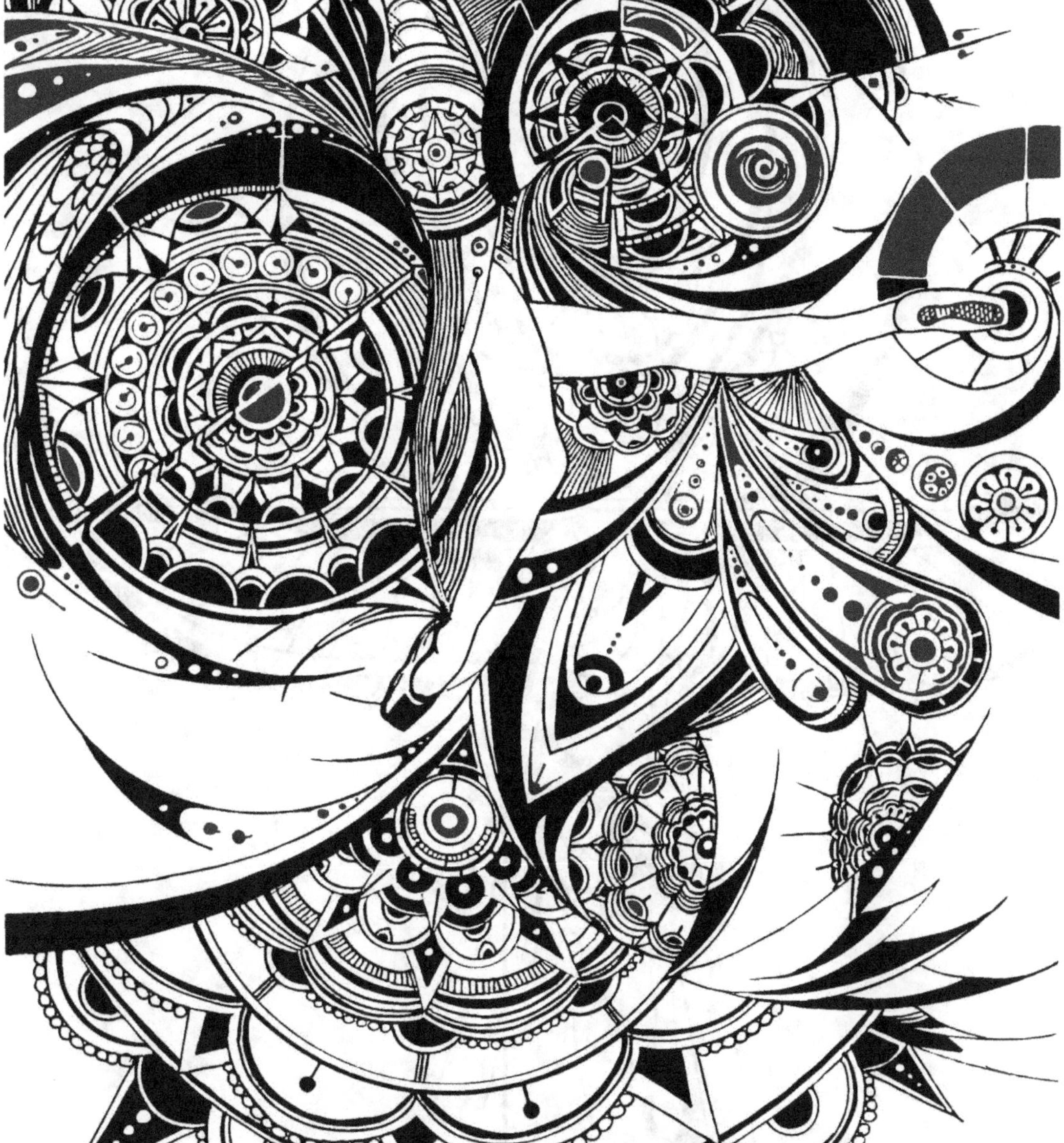

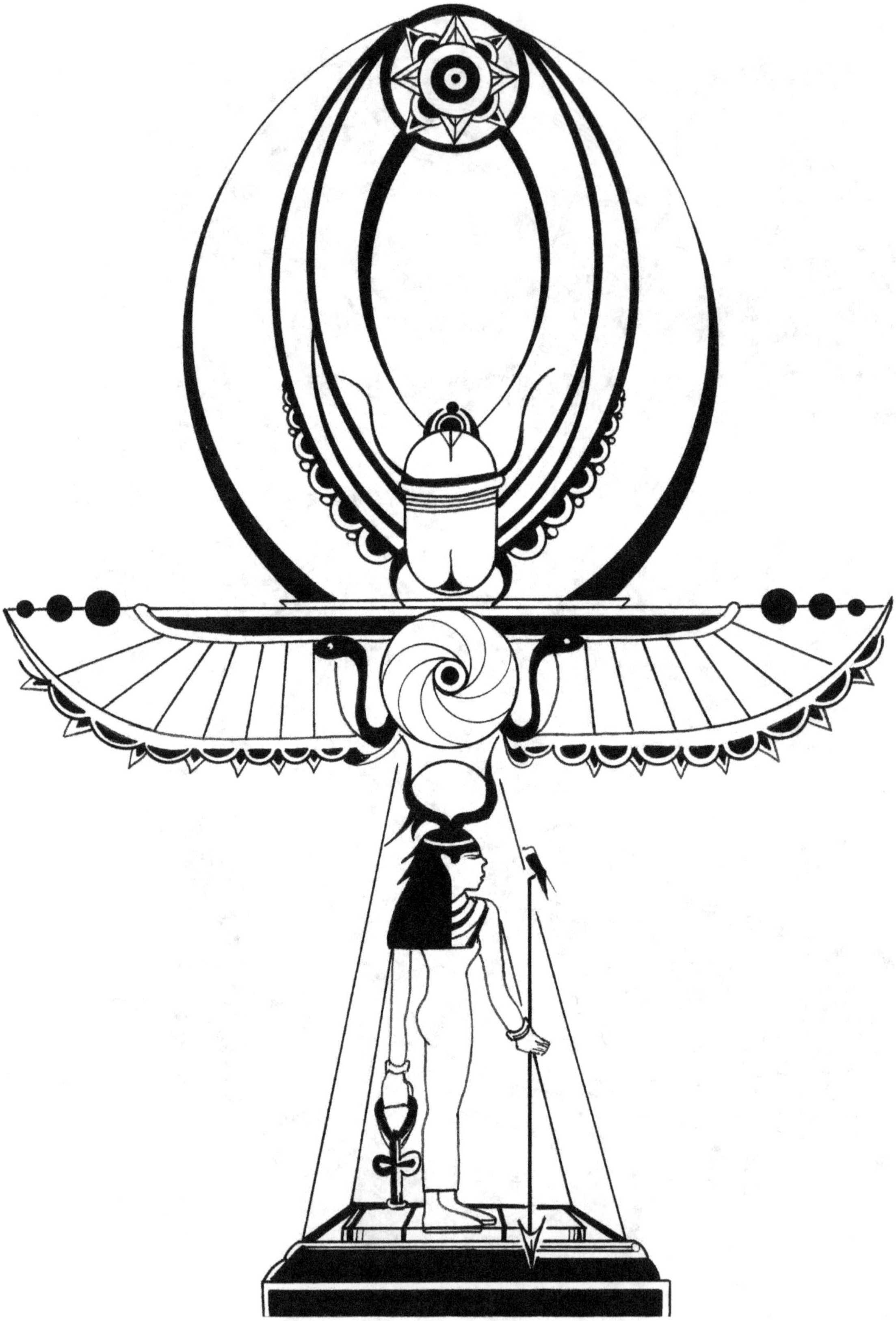

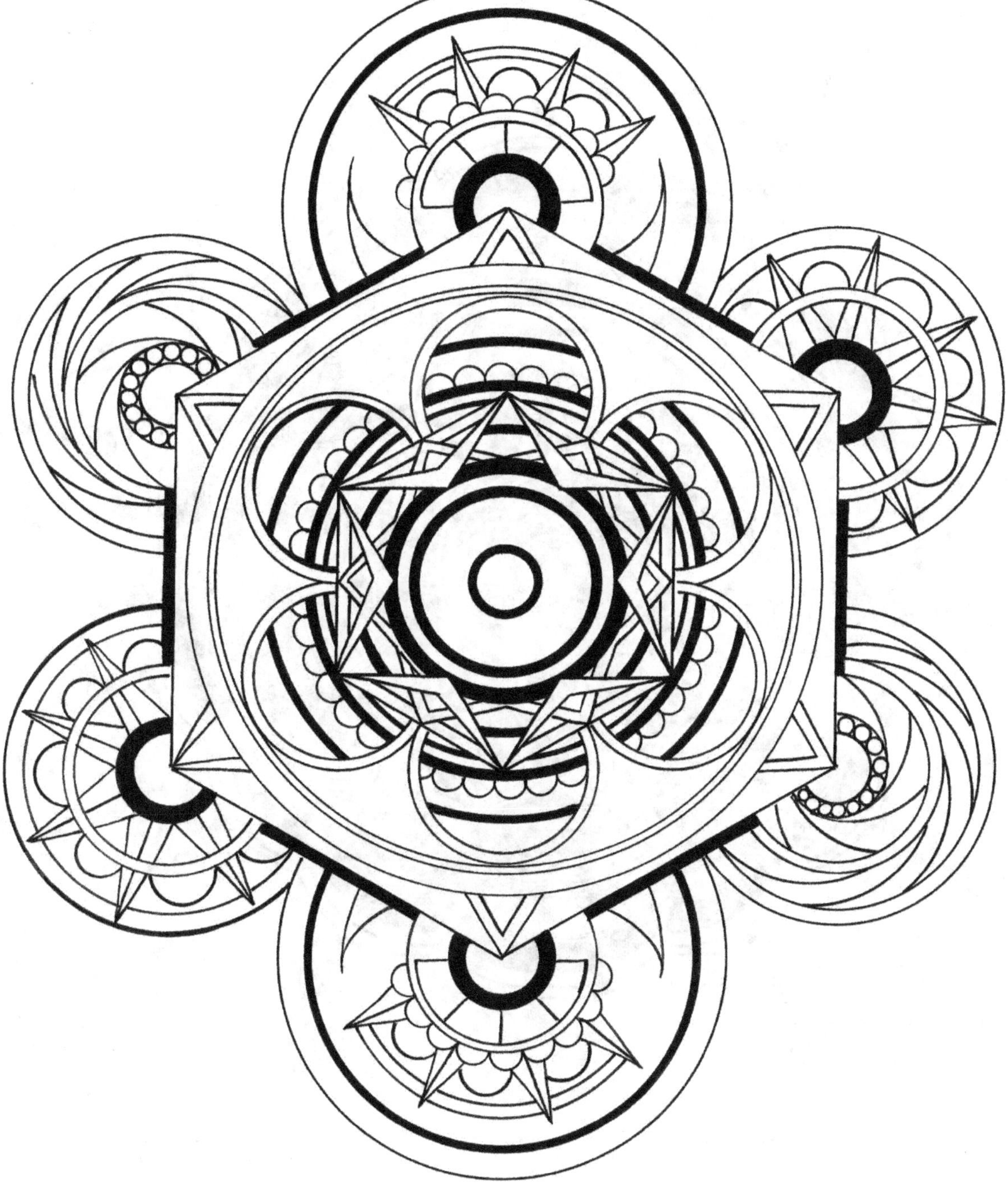

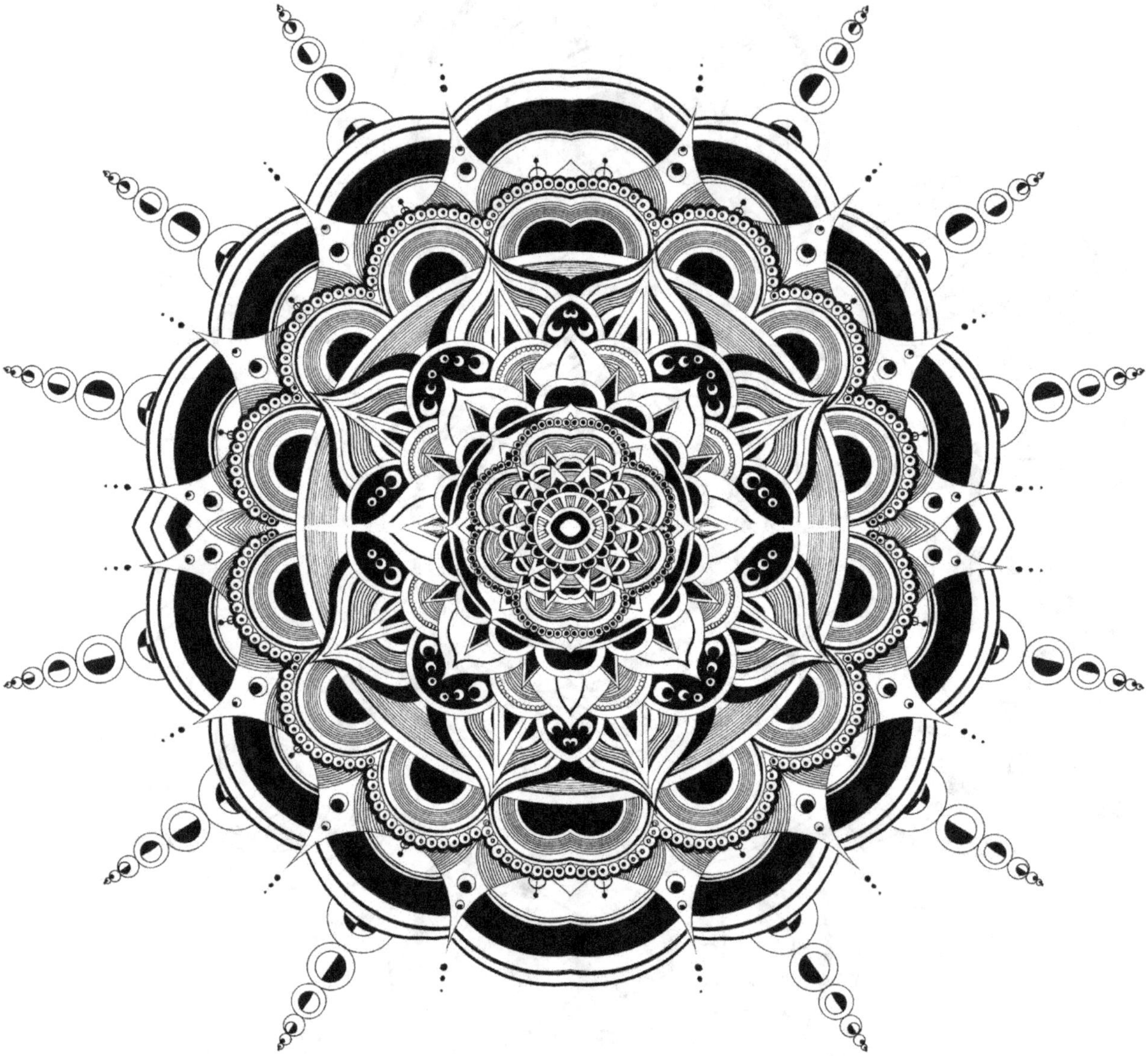

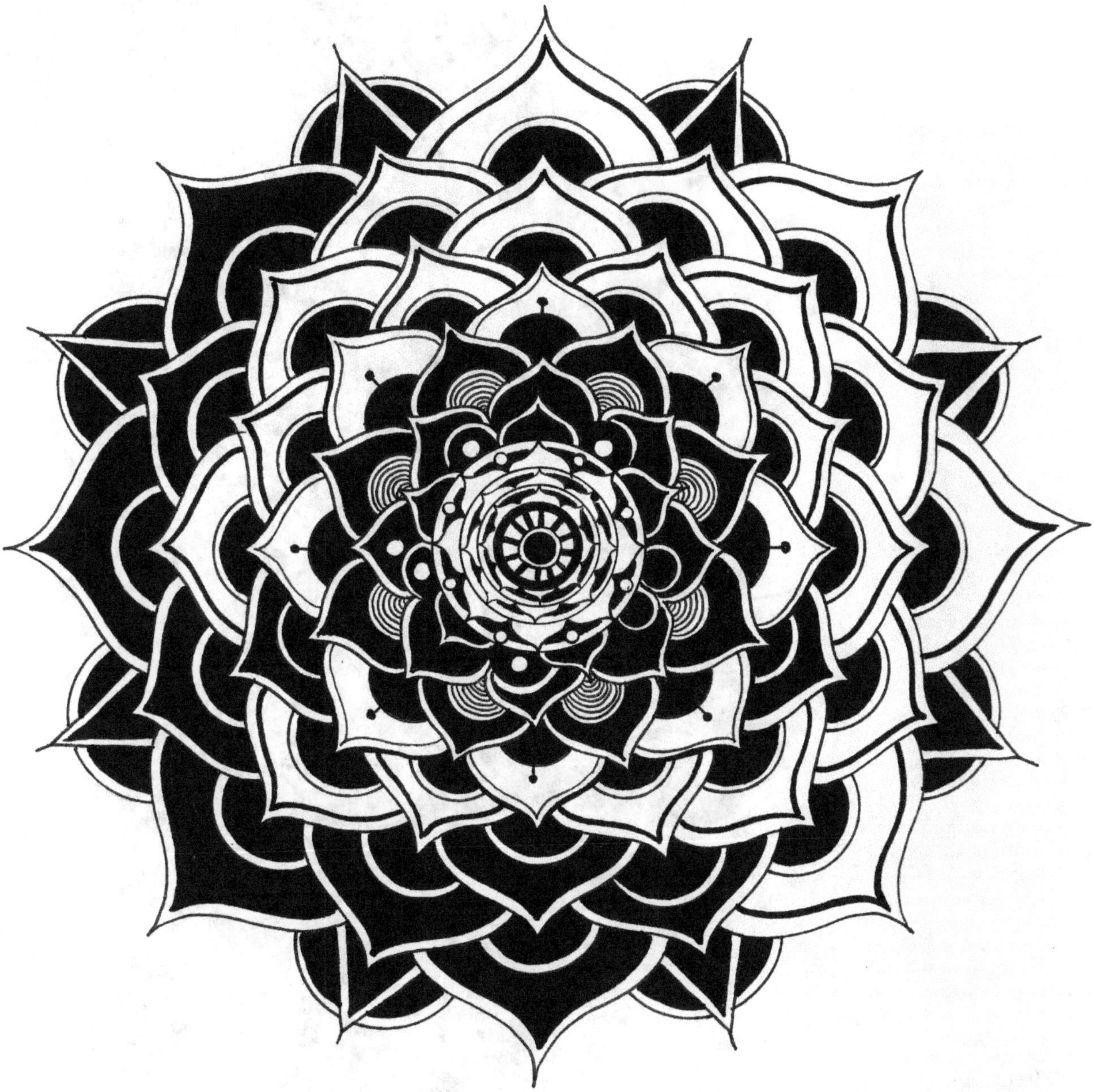

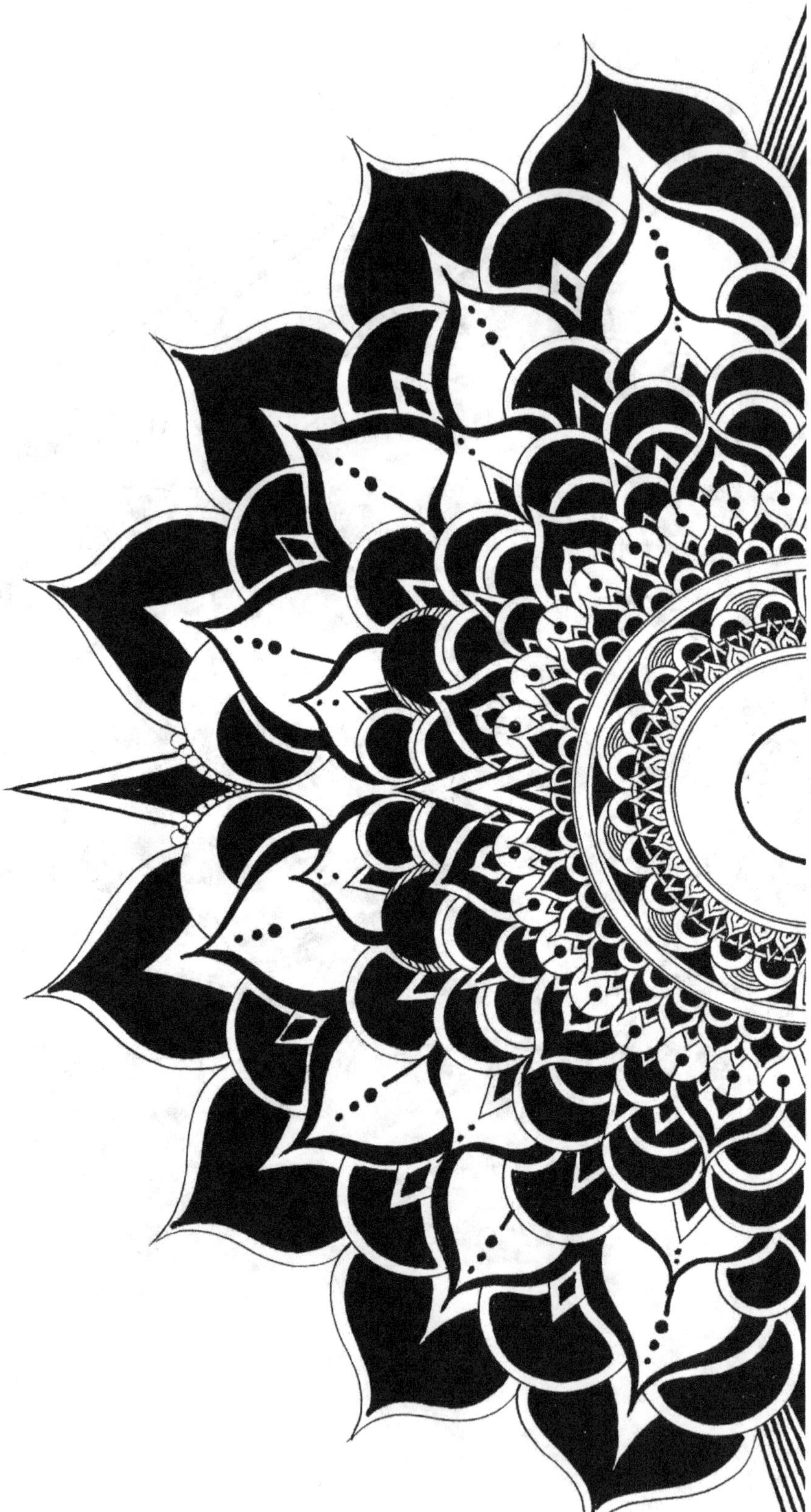

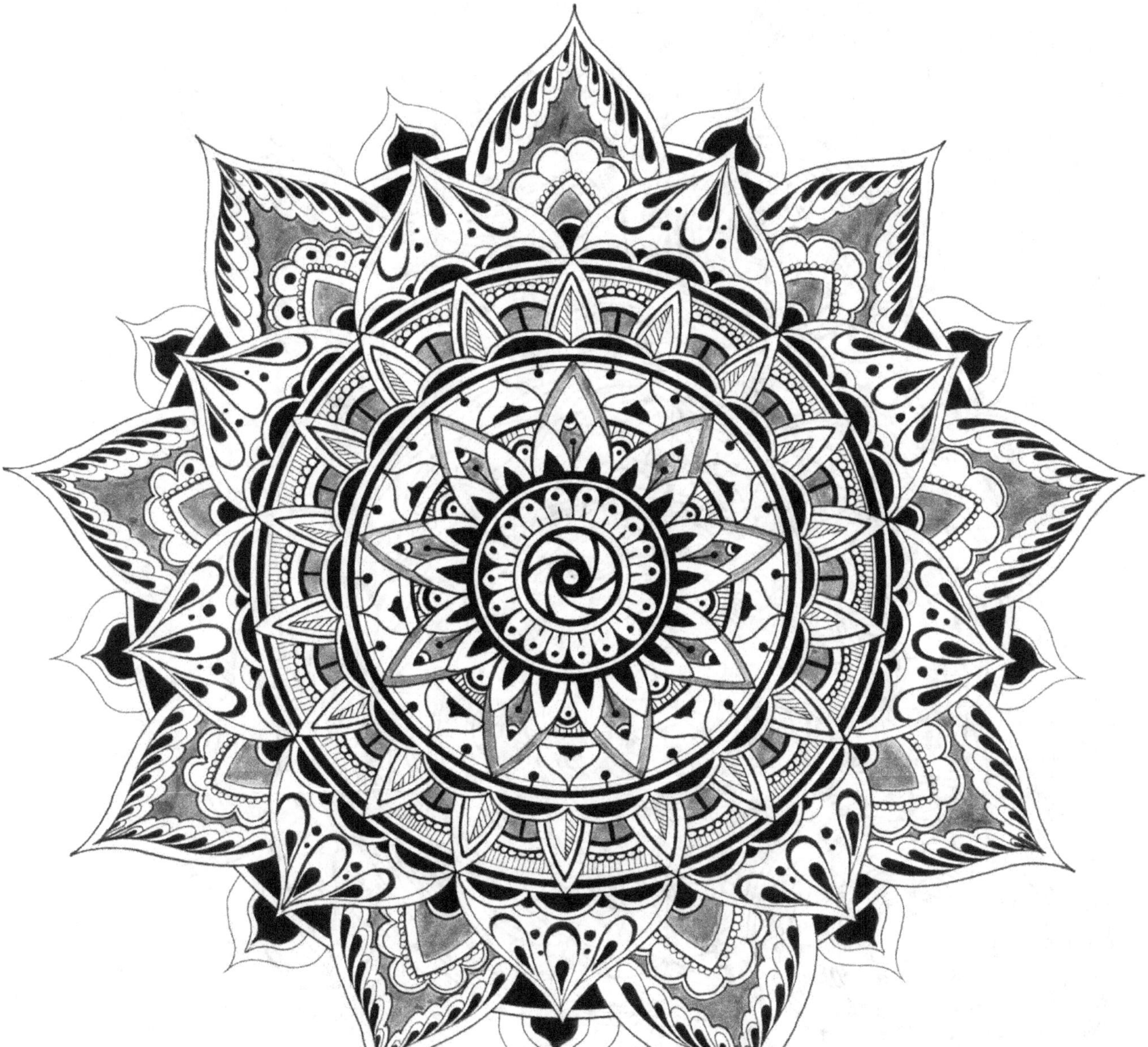

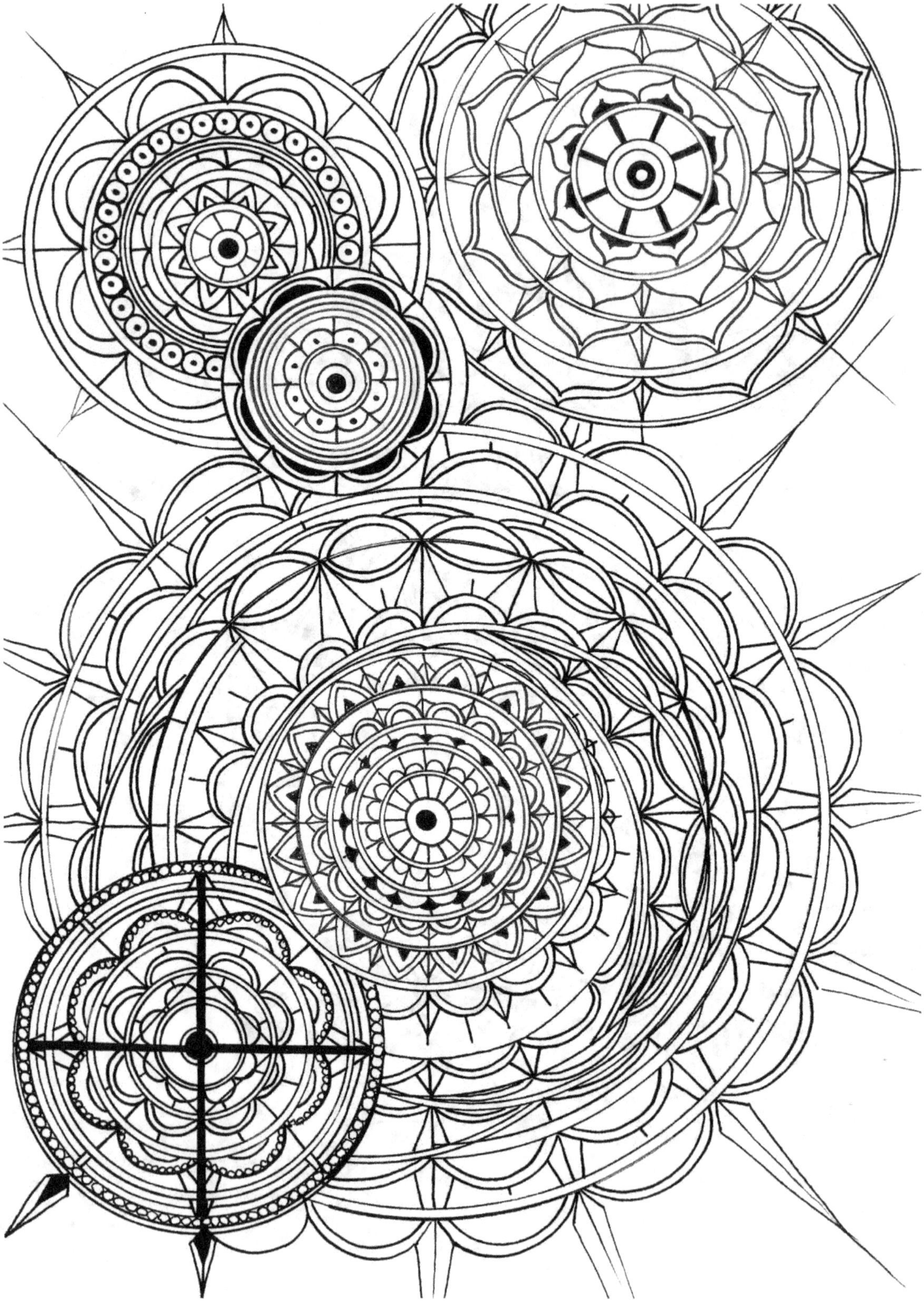

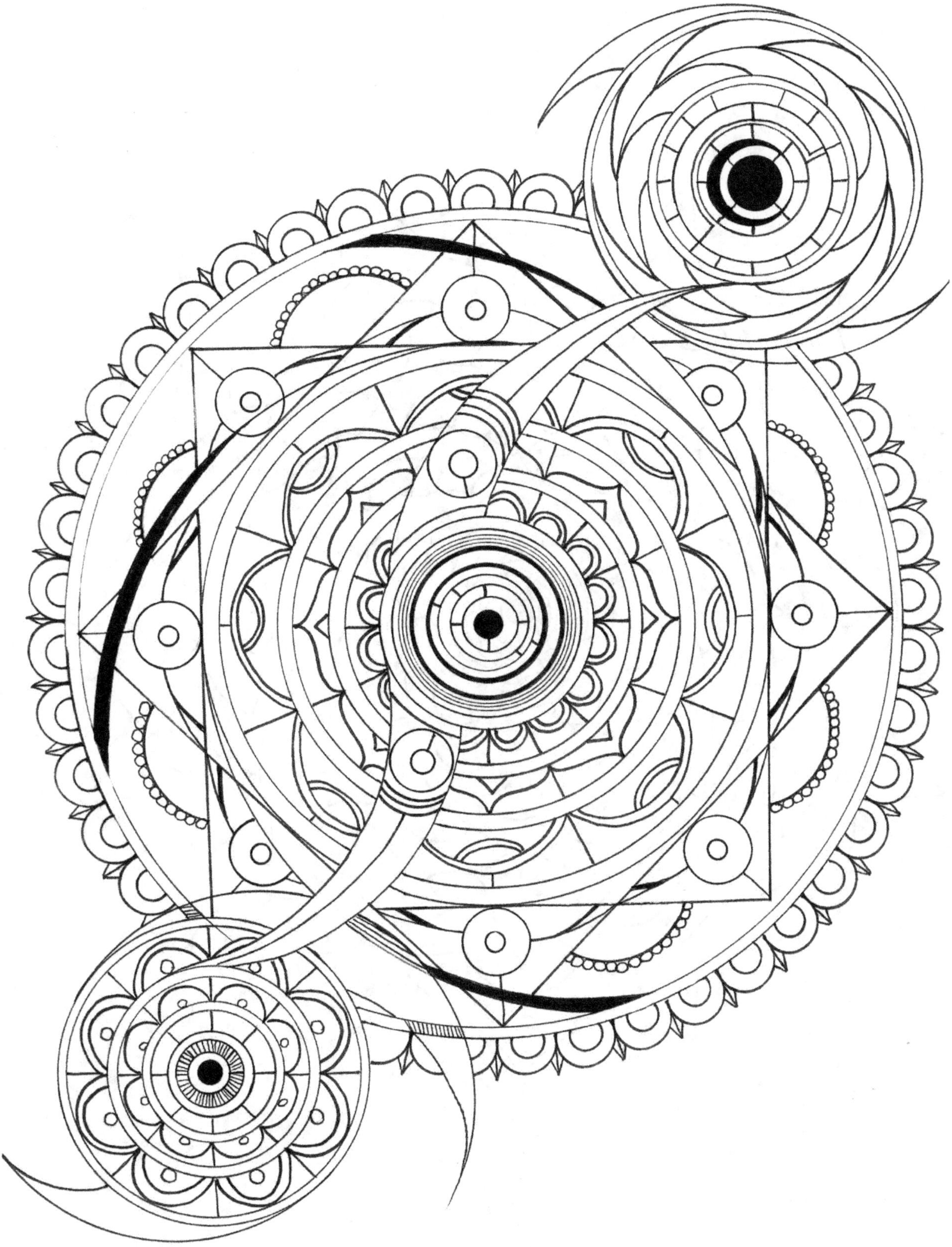

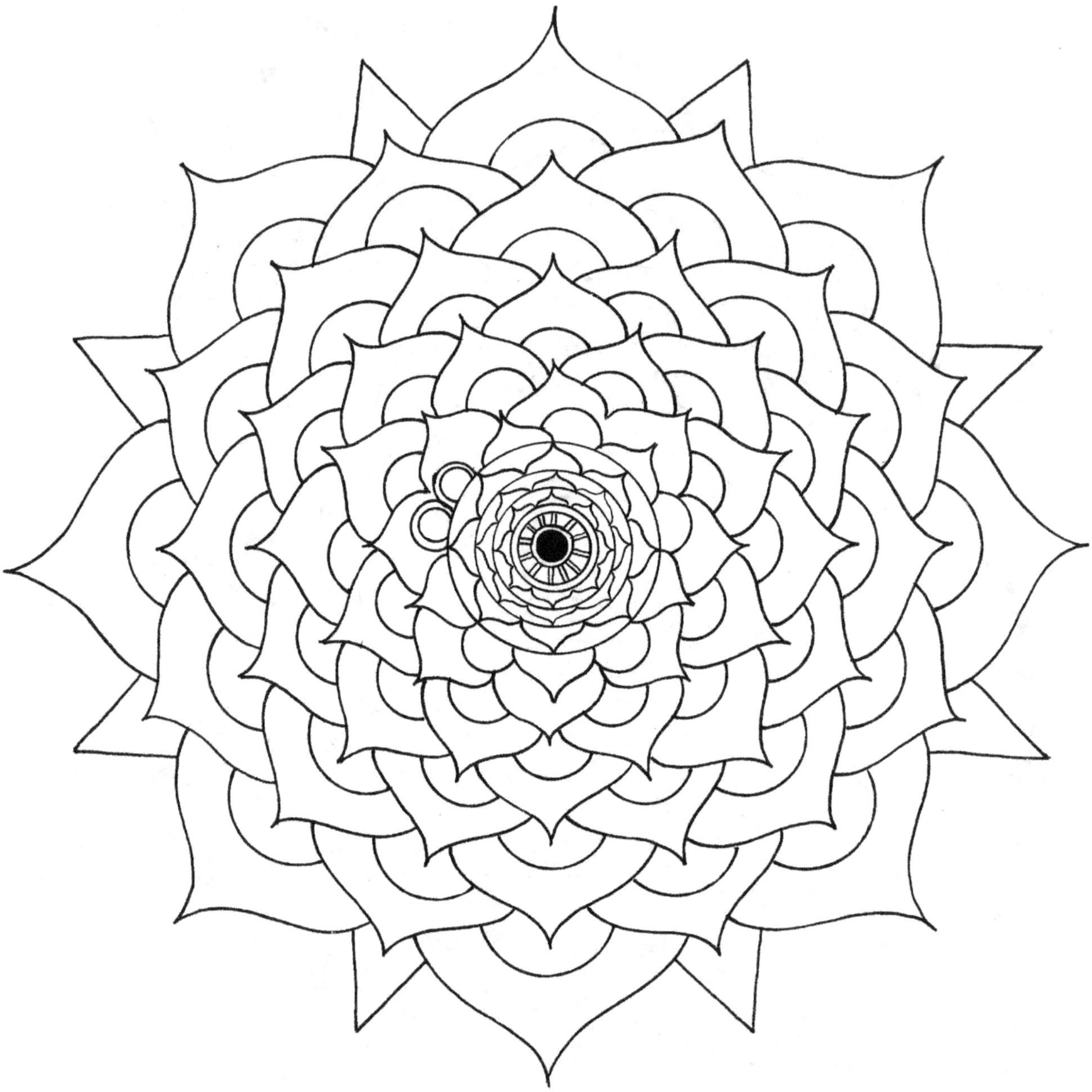

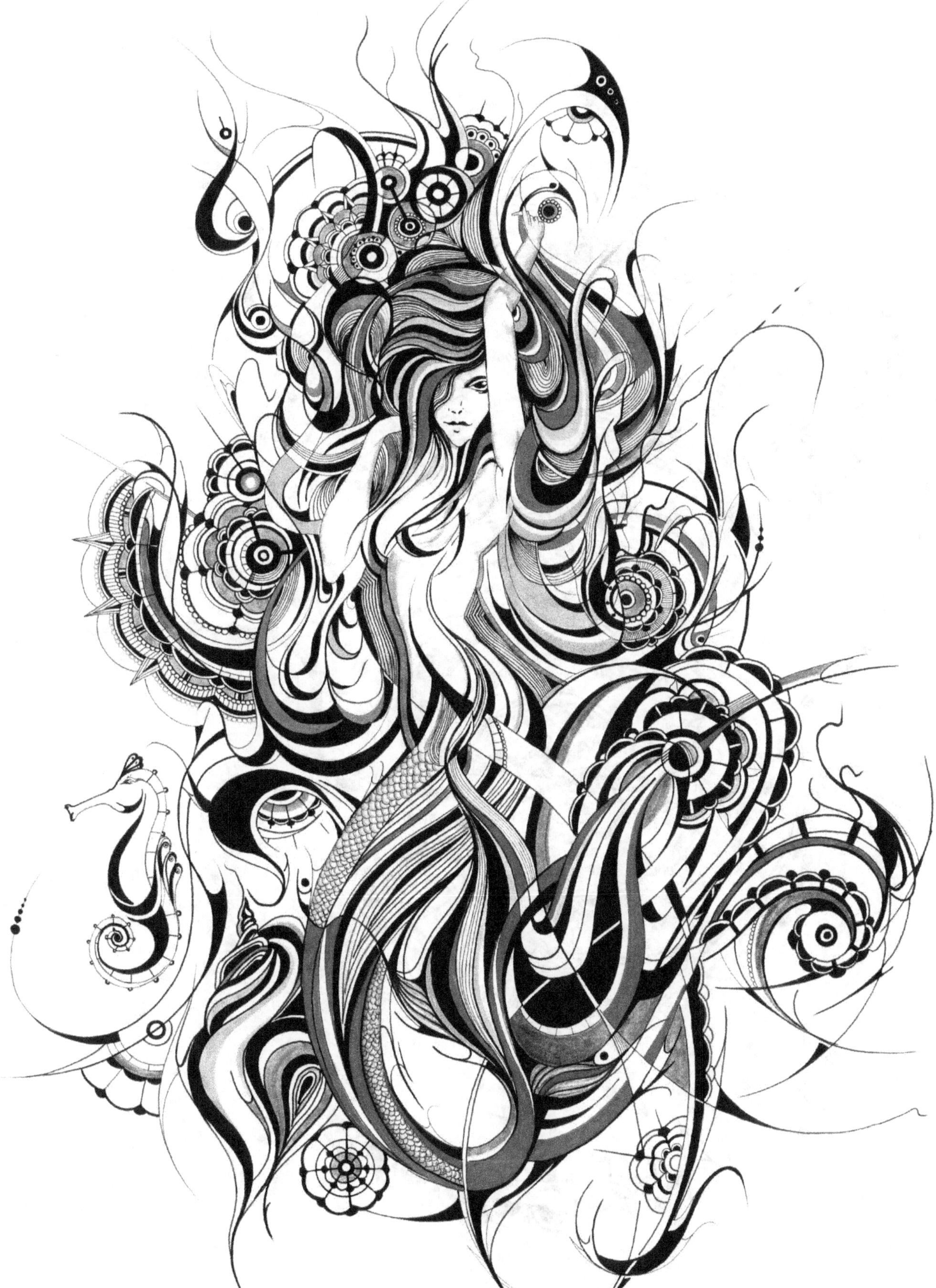

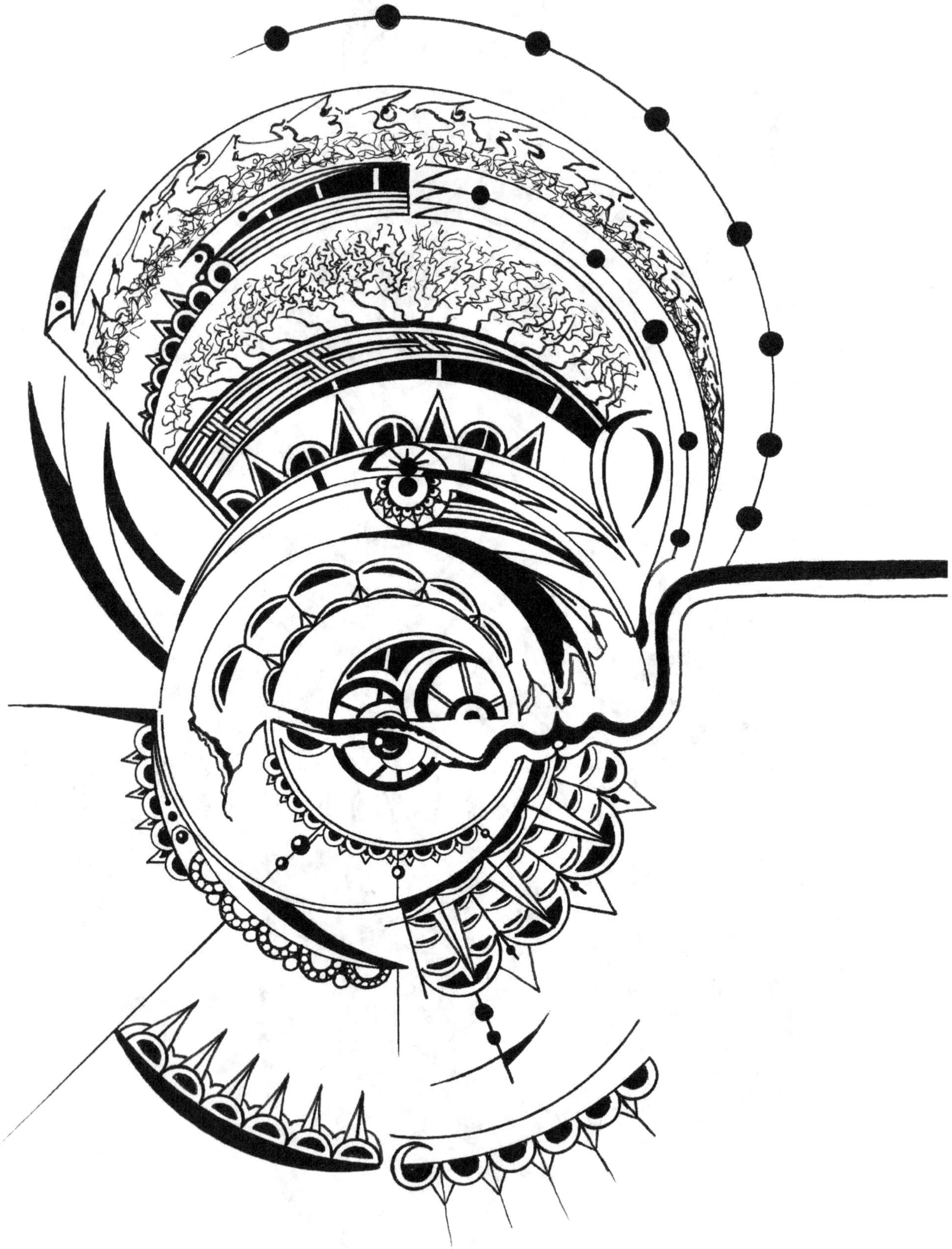

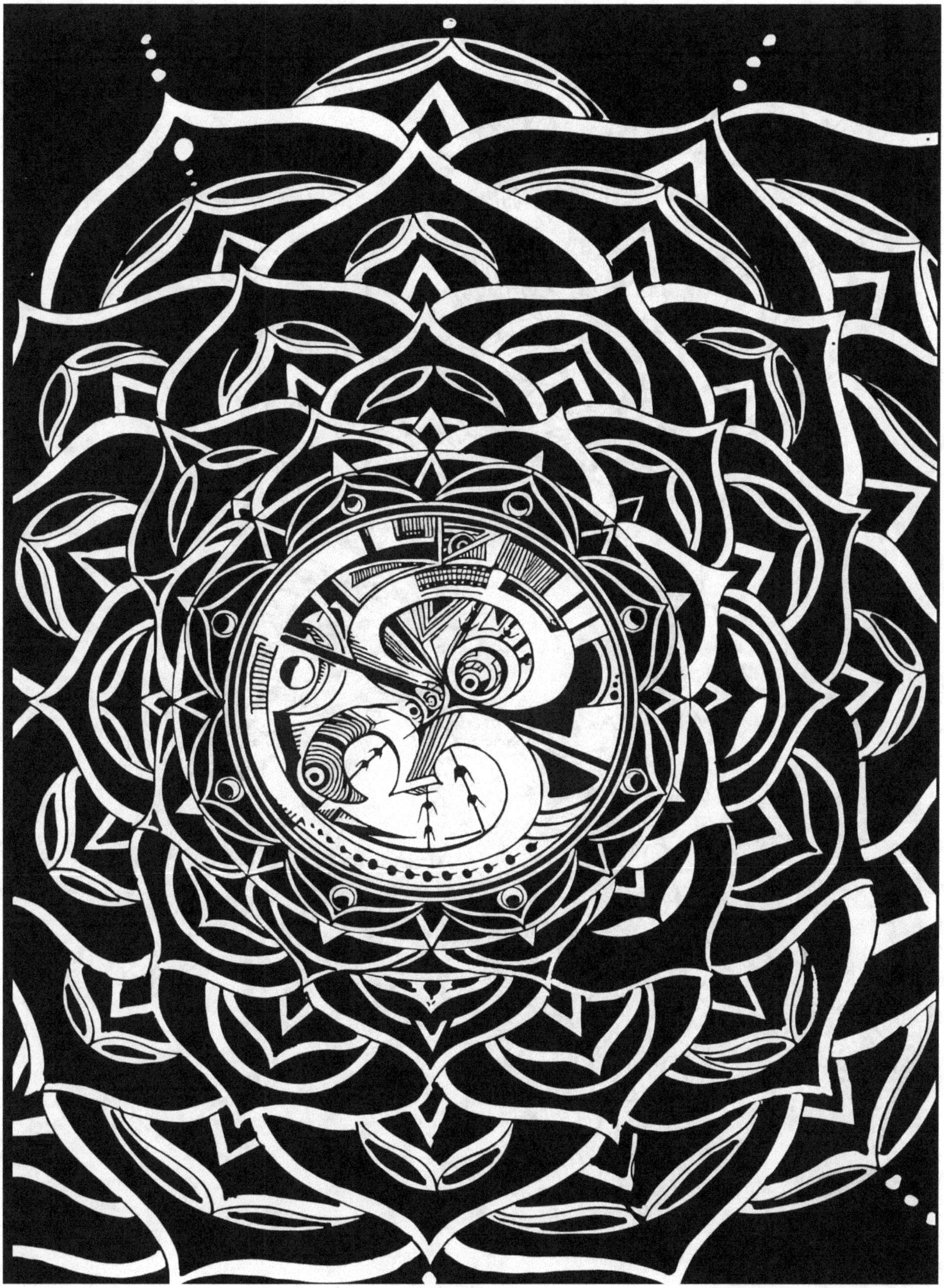

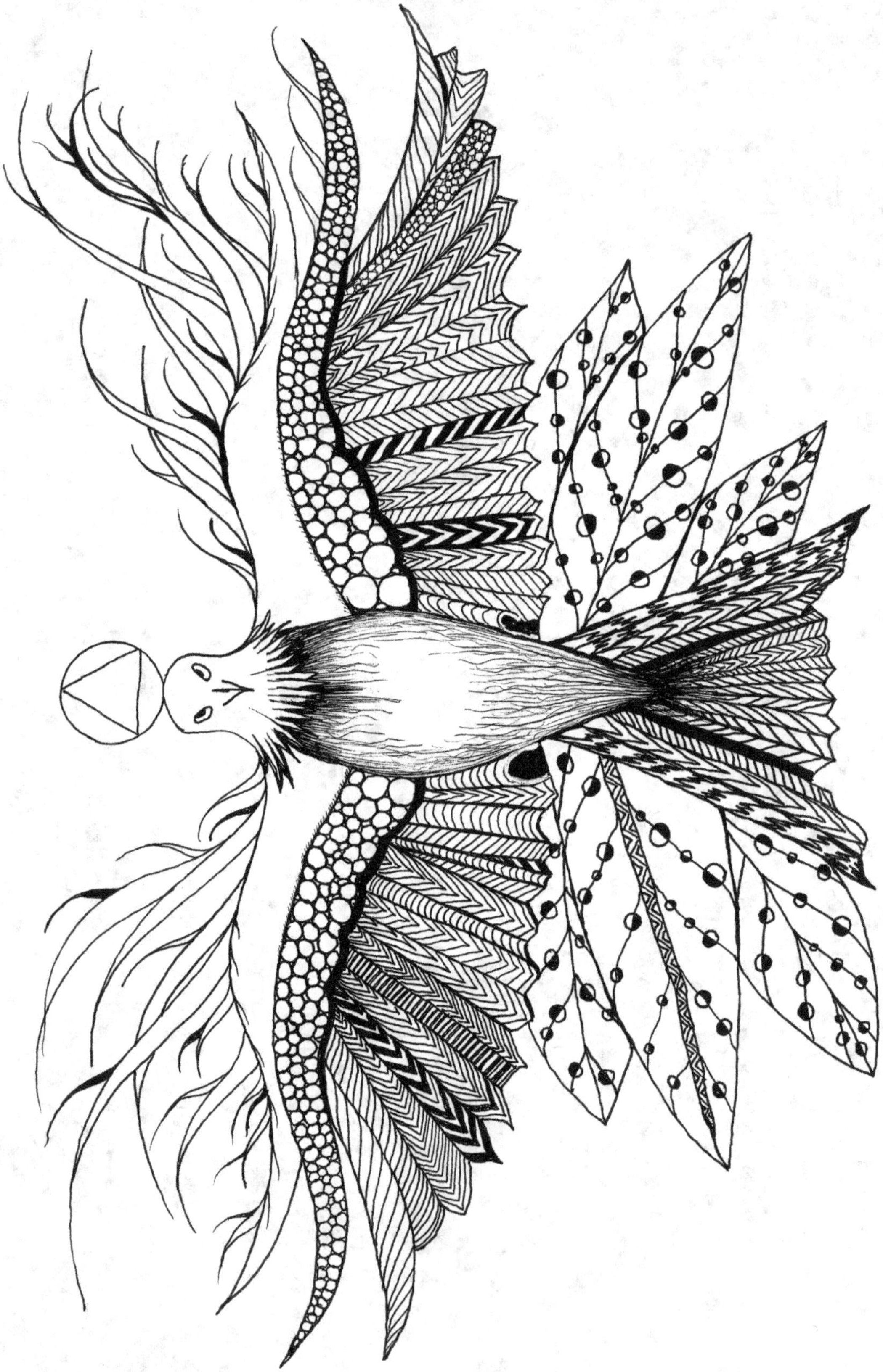

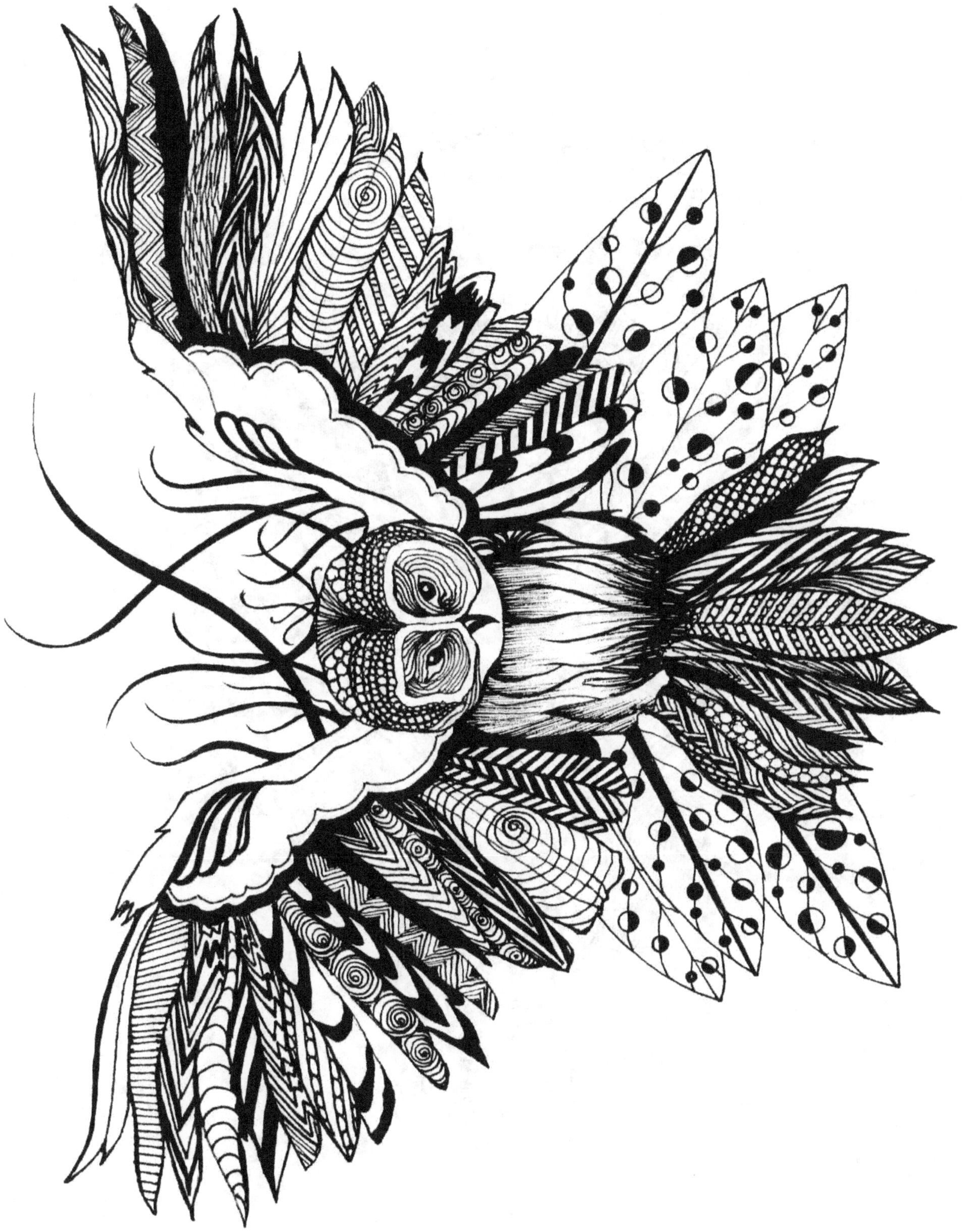

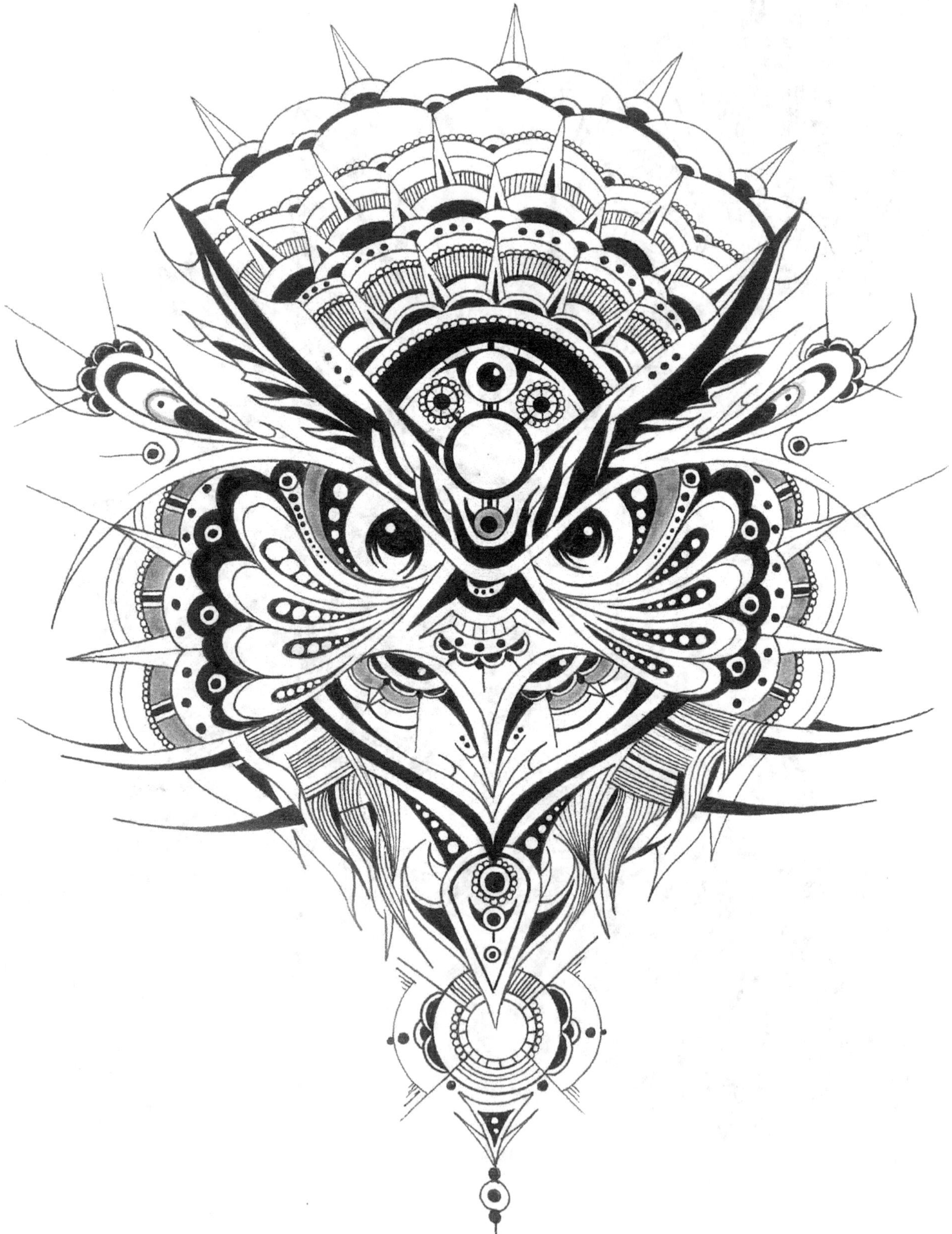

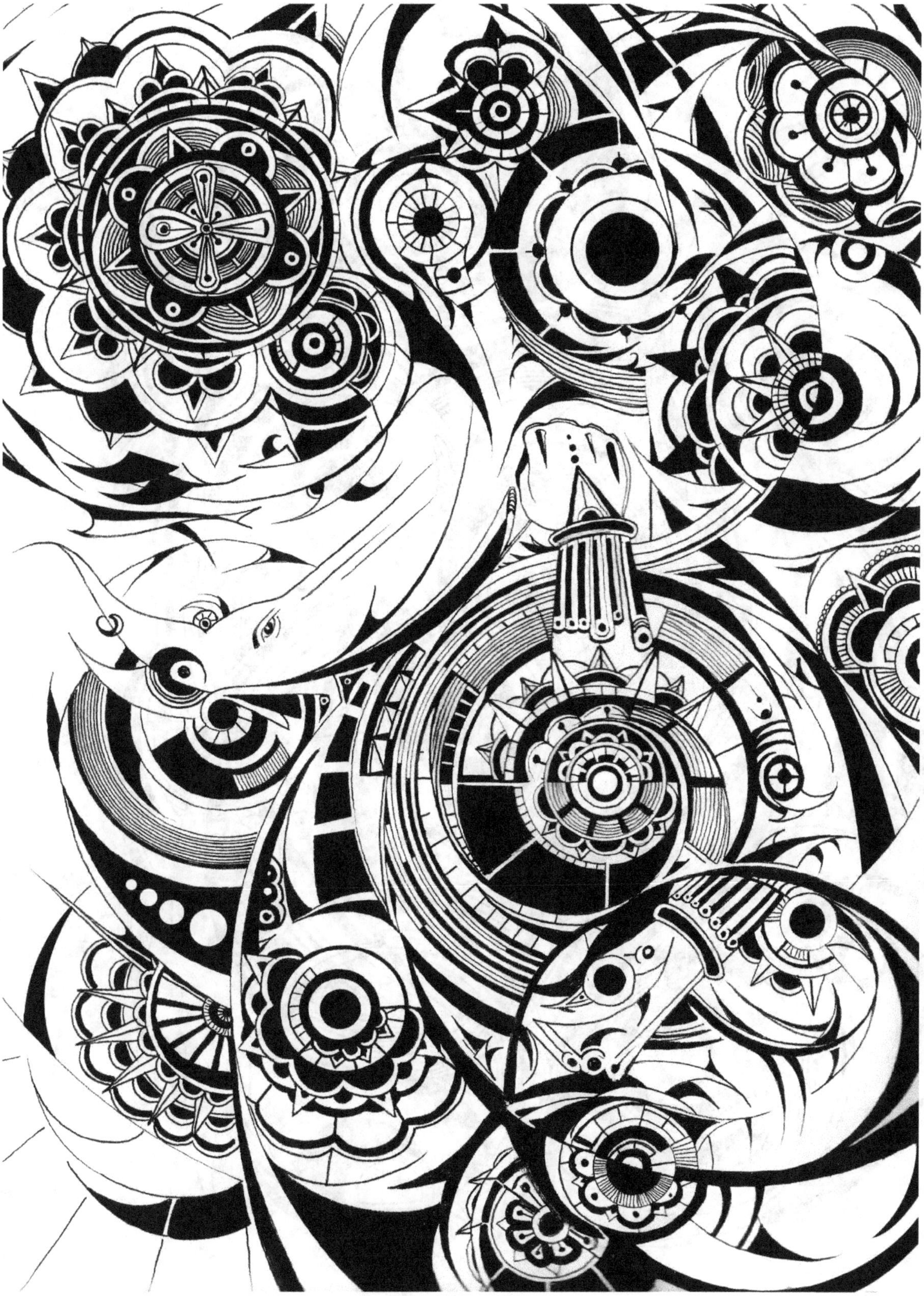

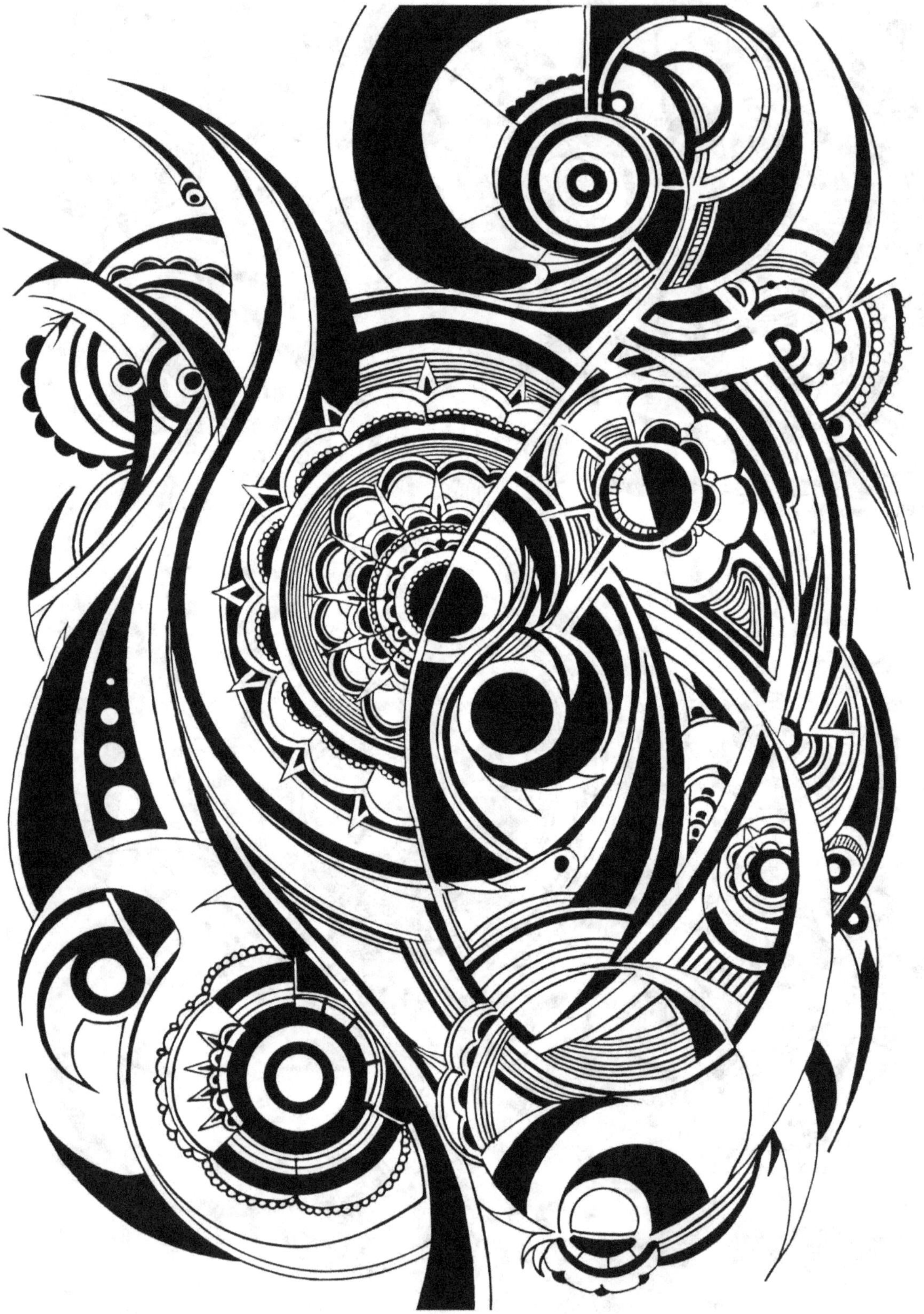

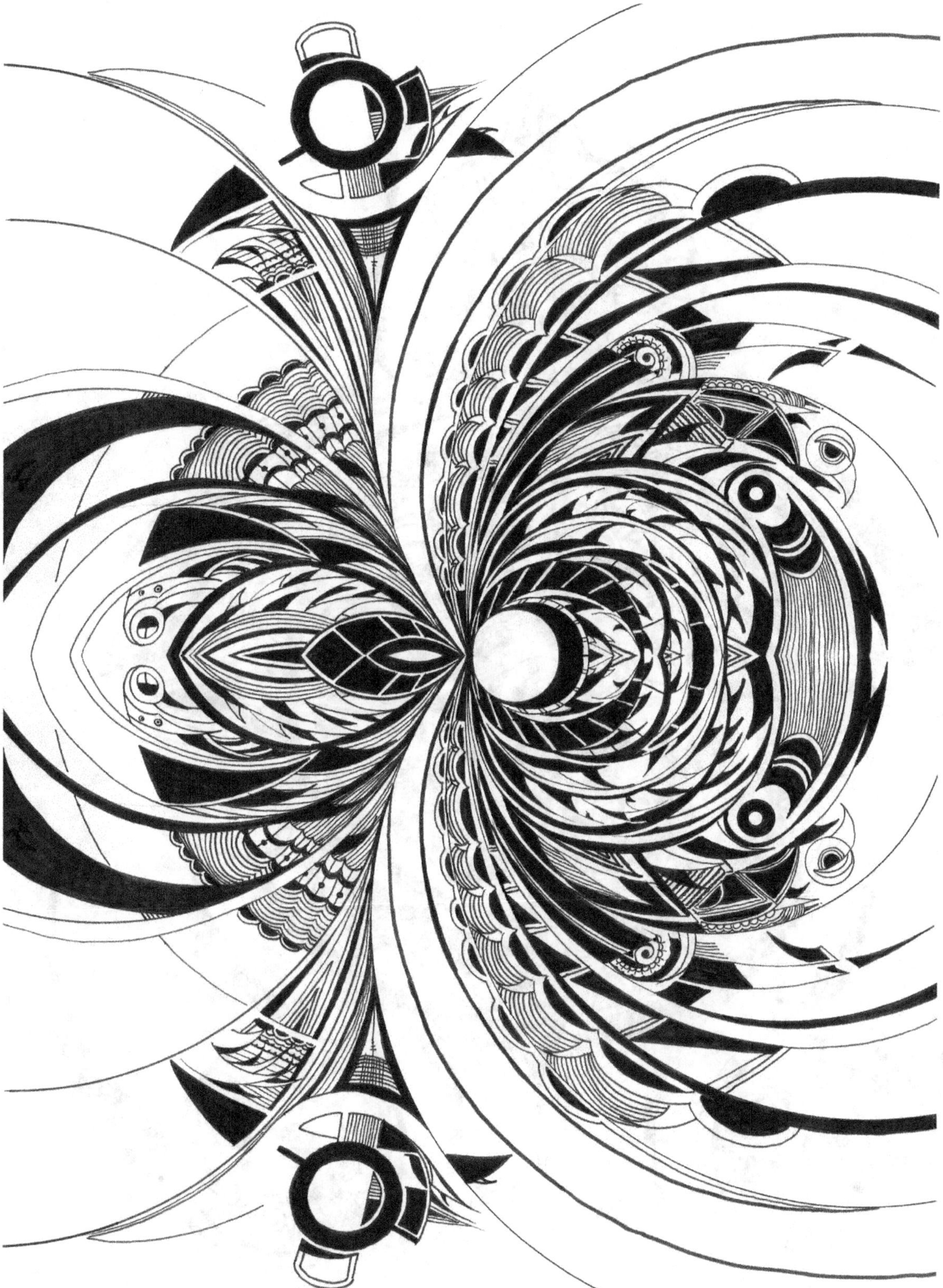

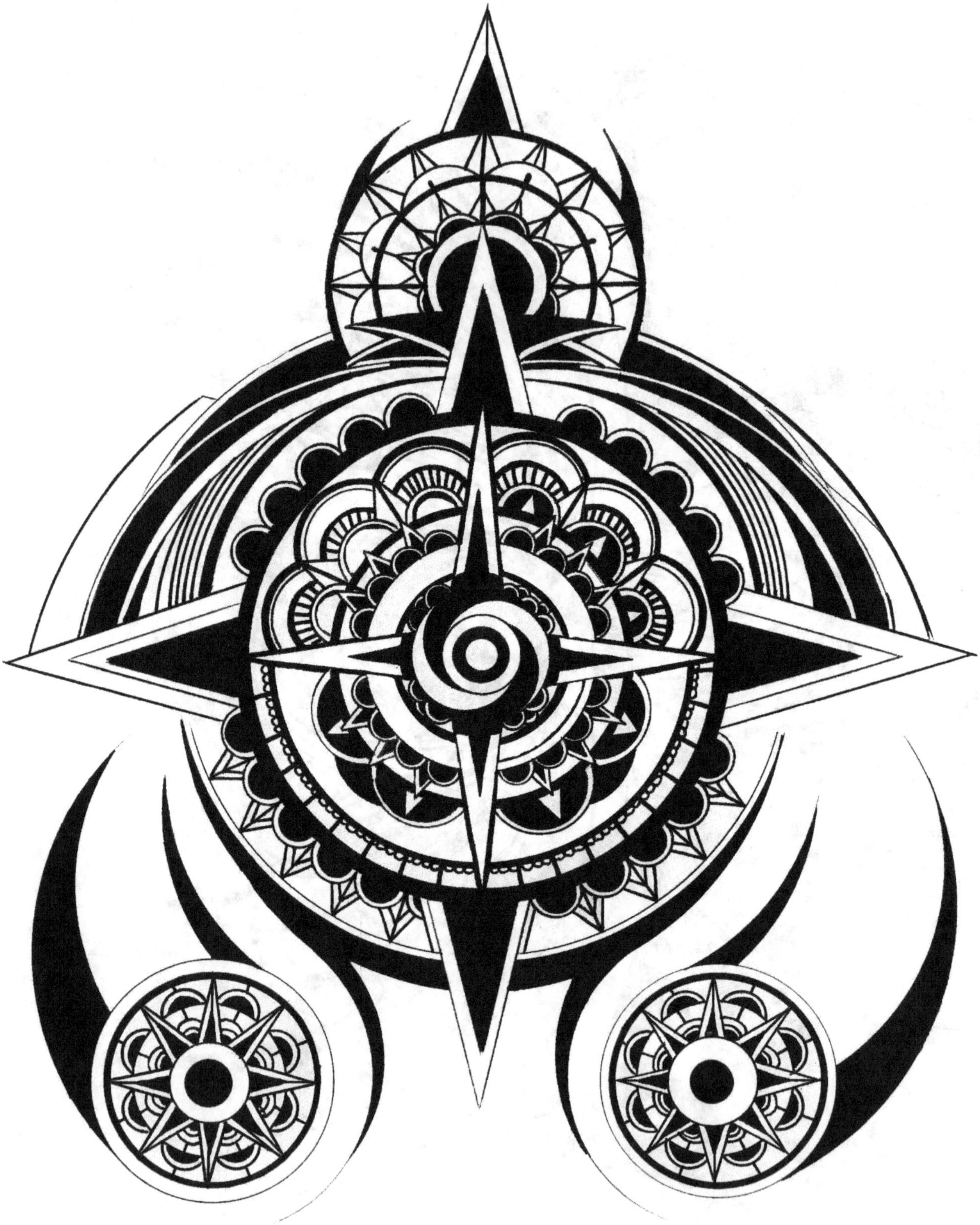

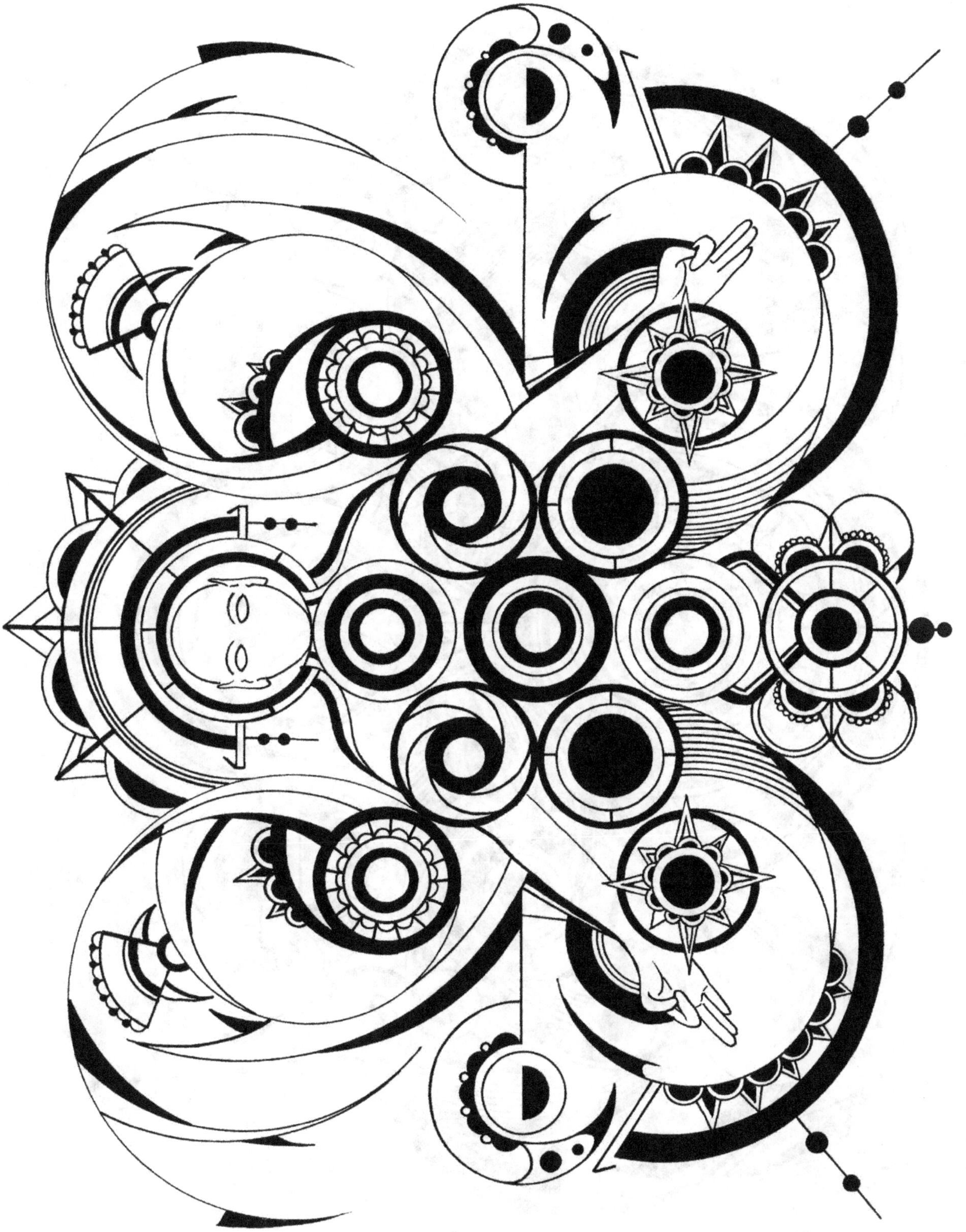

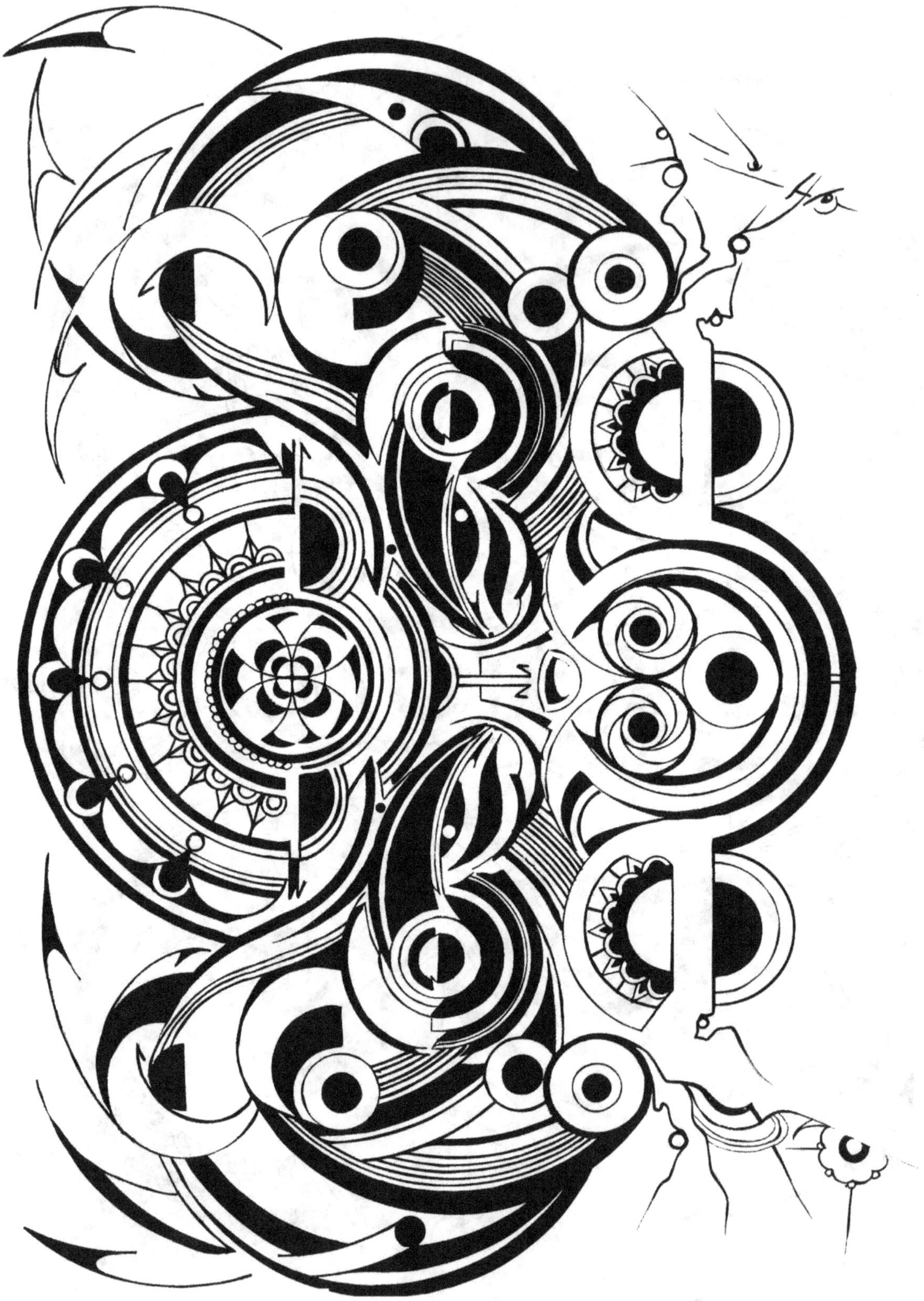

www.ingramcontent.com/pod-product-compliance
Lightning Source LLC
Chambersburg PA
CBHW081706220526
45466CB00009B/2893
* 9 7 8 1 6 7 7 8 5 5 3 8 4 *